KB139898

갑골^{甲骨}로
읽는
인천
문화사

갑骨

갑골로
읽는
인천
문화사

이영태 지음

머리말

　필자는 수년 동안 한국으로 유학을 온 대학생들을 대상으로 <외국인을 위한 기초한자>라는 과목을 강의해 왔다. 수강생들 중에는 한국어를 능숙하게 구사하는 학생이 있는가 하면, 일상생활에 불편할 정도로 한국어에 미숙한 경우도 있었다. 그런데 더 큰 문제는 한자를 난생 처음 보는 외국학생들도 같은 강의실에 있었다는 점이다. 일본과 중국학생의 경우는 한자문화권에서 생활을 했기에 별 문제가 없었지만, 이외의 경우들 예컨대 베트남, 미얀마, 필리핀, 인도네시아, 스웨덴 등에서 유학을 온 학생들에게 기초한자를 가르치는 일은 고역이었다. 결국 한자문화권에서 벗어나 있는 학생들은 수강정정 기간에 다른 과목을 택해 빠져나갈 수밖에 없었다. 다만 비한자문화권의 학생 중에서, 중국과 일본학생들과 경쟁하여 만족할 만한 학점을 취득한 학생이 있었지만, 그 학생이 기초한자를 습득하는 일은 지난한 일이었다.

　예상외로 한자문화권 학생들도 한자의 정자(正字)를 익히는 데 어려움을 겪었다. 그들은 한국어 어휘의 상당 부분이 한자와 결부된 것을 인정하면서도 한자를 반듯하게 표기한 해서체(楷書体)에 대해

낯설어 했다. 나라별로 개별 한자의 의미망이 달리 설정된 상태에서 그것을 한데 모을 수 있는 방법은 해당 한자의 문화사적 전개와 변용에 집중하는 것이었다. 이른바 해당 글자의 갑골문(甲骨文)에서 강의를 시작해야 했다.

　주지하듯이, 갑골문은 중국 은(殷, BC 1766~1122경)나라 때의 갑골(甲骨)에서 발견된 상형문자(象形文字)이다. 거북과 소의 뼈를 이용하여 글자를 남겼기에 갑골문이라 하는데, 해당 글자를 통해 선사시대(先史時代) 사람들의 생활과 사유방식을 복원하여 수강생들과 교감할 수 있었다. 인류 역사의 대부분을 차지하는 선사시대는 그것과 관련된 문헌사료가 전무(全無)하지만, 해당 갑골문자를 스토리텔링(storytelling)에 기대면서 그들의 지혜와 맞닿을 수 있었다. 물론 갑골문에 대한 선배 연구자들의 업적에 기대면서, 스토리텔링을 하는 일은 강의자와 수강자 모두에게 고전(古典)의 보편적 지혜를 재발견하는 시간이었다.

　이 책은 갑골에만 머물지 않는다. 갑골을 통한 인천지역 문화(文化)를 소개하는 것도 책을 집필한 이유 중에 하나이다. 지역 구성원들이 공유하는 유형 및 무형의 문화자산을 근간으로 하는 게 지역의 문화정체성이기에 그것을 소개하는 데에도 지면을 할애해 놓았다. 자신이 발을 딛고 있는 공간은 갑자기 생성된 게 아니라 해당 지역의 오랜 문화자산을 토대로 현전(現傳)하고, 그것을 자양분으로 삼아 미래로 이어지게 마련이다. 해당 공간이 어떤 문화자산과 관련됐는지 살피는 일은 개인의 자존감은 물론 정주(定住) 의식을 높이는 것과 밀접하다. 이것이 갑골과 인천문화를 함께 묶어 소개하는 두 번째 이유이다.

본문에 나타나는 해당 글자는 시대순으로, 갑골문(甲骨文) → 주나라 금문(金文) → 소전(小篆) 단계로 이행되는 과정을 적시해 놓았다. 갑골 또는 금문이 존재하지 않는 경우도 있지만, 전반적인 글자의 변화를 통해 의미가 확장되는 것을 확인할 수 있을 것이다. 강의를 준비할 때나 책을 묶을 때 도움 받았던 저작들은 <참고문헌>의 기본자료에 적시해 놓았다. 특히 중국의 인터넷사이트 한전(漢典)을 통해 해당 글자에 대한 현대적 해석과 <설문해자>, <광희자전> 등 고전 전적(典籍)에서의 용례 등을 쉽게 독서할 수 있었다.

이 책

에서 해당 한자가 시대에 따라 변하는 과정은 대부분 이에 기대고 있다.

　제2부에는 해당 글자가 『논어(論語)』에서 사용된 경우를 발췌해 놓았다. 독자들이 쉽게 이해할 수 있도록 원문과 집주(集註) 부분을 직역하였다. 매 시간마다 갑골문과 연계해서 한두 구절을 강의했는데, 수강생들이 흥미를 갖고 참여하기에 미래의 수강생 및 독자들을 위해 첨부해 놓았다. 경전의 낯선 구절을 강제로 암기하는 데에서 벗어나 그것의 의미가 갑골에서 출발한다는 점을 확인할 수 있을 것이다.

　끝으로 인천시역사자료관의 전문위원 두 분은 자신의 고유영역에 해당하는 인천문화사의 기초자료와 그것의 독법(讀法)을 필자에게 알려주는 데 망설이지 않았다. 보다 많은 지역 구성원들이 문화정체성의 자장 안으로 들어오기를 바라는 마음이 있었기에 가능했던 일 일 것이다.

인천에 잠시 머물던 사람들이나 앞으로 정주(定住)할 사람들, 또는 유학 온 학생들 모두 갑골(甲骨)을 통해 인천[彌鄒忽] 문화사(文化史)를 이해하는 계기가 되기를 바라며······

2015년 정초(正初), 인천개항장연구소에서

이영태

목 차

제2부

제 1 부

1. 구석기(舊石器), 신석기(新石器)

옛 / 낡을 구(舊)는 올빼미[萑]와 절구[臼]의 결합이다. 환(萑)에서 풀[艹]은 눈썹 모양이다. 환(萑)은 부엉이처럼 돌출된 눈썹을 가진 새이고, 구(臼)는 새의 울음소리를 나타내는 의성어 '구구구'를 차용한 것이다. 구(舊)는 '올빼미가 구구 소리를 내며 우는 모습'을 나타낸 것이지만, 이후 오랠 구(久)와 독음(讀音)이 같아서 '옛것 / 낡은 것'이라는 의미로 정착했다.

돌 석(石)은 절벽 아래[厂]에서 돌[口]을 떼어내고 있는 모습이다.

그릇 기(器)는 한 마리의 개[犬]가 네 개의 그릇[口]을 지키는 모습이다. 혹은 개가 입을 벌리고 헐떡이거나 짖는 모습이라고도 한다. 개가 인간과 더불어 살면서 그릇 도둑을 쫓아내려고 헐떡이며 짖는 모습을 연상할 수 있다. 그릇 두 개를 없애면 '울다 곡(哭)'으로 변하는 것도 이런 이유이다.

새 신(新)은 나무의 단면[亲]과 도끼[斤]의 결합으로 땔나무를 의미했다. 나무를 찍을 때마다 새로운 단면이 등장하기에 '새롭다'라는 뜻이 생겼고, 땔나무의 역할은 땔나무 신(薪)이 대체하였다.

옛 / 낡을 구(舊)　　　　　　　돌 석(石)

새 신(新)

그릇 기(器)　　　　　　　새 신(新)

　인천지역에서 구석기시대의 유적과 유물은 강화 별립산 서쪽에서 발견되었다. 공[球] 모양의 석기[polyhedron, 다각면원구]는 구석기시대의 대표적인 유물로 사냥돌, 망치돌 등의 용도로 사용되었다.

　인천지역의 신석기시대 유적으로 조개무지(貝塚)와 화덕자리[爐址]가 있다. 조개무지는 조개류를 먹고 버린 것이 쌓여서 형성된 유

송산 빗살무늬토기

적이고 화덕자리는 음식을 조리하던 공간이다. 신석기시대의 토기는 그릇 겉면에 빗 같은 무늬새기개로 새기거나 그은 여러 가지 기하학적 무늬가 표현되어 있어 유문토기(有文土器), 기하학무늬토기[幾何學文土器]라고도 한다.

송산 선사유적의 화덕

　화덕의 흔적으로 보건대, 당시 사람들이 음식을 조리하는 방법에 대해 한자를 통해 재구할 수 있다. 먼저 구운 고기 적(炙)은 불[火] 위에 고기[肉]를 굽고 있는 모습이다.

이른바 화식(火食)이 가능했을 때의 요리방법으로 현재의 산적(散炙)이라는 요리가 이에 해당한다.

2. 지석묘(支石墓), 고인돌

지탱하다 지(支)는 손[又]에 나뭇가지[十]를 들고 있는 모습이다. 돌을 지탱하도록 만든 무덤이 지석묘이다. 흔히 고인돌이라 하는 청동기시대의 무덤이 그것이다.

무덤 묘(墓)는 없다 / 금지하다[莫]와 흙[土]의 결합이다. 막(莫)은 풀[艹]과 해[日], 나무[木]의 결합으로, 해가 수풀 사이로 지고 있는 모습이기에 '없다 / 금지하다'의 의미가 생겼다. 막(莫)이라는 글자는 독음을 위한 것이기에 묘(墓)의 의미는 흙 토(土)에서 찾아야 한다.

지탱하다
지(支)

무덤
묘(墓)

고인돌은 청동기시대의 무덤이다. 덮개돌 아래에 돌을 괴기에 지석묘(支石墓)라고도 한다. 고인돌은 무덤이되 집단의 의식을 행하는 제단(祭壇)이나 기념물로 사용되기도 했다. 고인돌은 세계적인 분포를 보이는데, 특히 한반도에서 밀도가 가장 높게 나타난다. 부장유

강화 부근리 고인돌

물로는 간돌칼, 돌화살촉, 청동기, 토기류 등이 있으며 주변에서는

의례용으로 보이는 돌화살촉, 홈자귀, 숫돌 등이 발견되기도 했다. 강화도의 부근리고인돌은 덮개돌 길이 6.5m, 너비 5.2m, 두께 1.2m, 무게 52톤이다.

옛사람들의 장례법은 장사지내다 장(葬)을 통해 짐작할 수 있다. 장(葬)은 풀[艹]과 죽음[死], 침상[廾]의 결합이다. 시신을 침상에 올려놓고 그 위에 풀을 덮은 모습인데, 이것으로 장례가 완성되는 게 아니다. 일정한 시간이 지난 후 풀[艹] 안에 있던 시신은 뼈만 앙상하게 남는데, 그것을 다시 장사를 지낸다. 청동기시대의 항아리로 만든 관[옹관, 甕棺] 안에는 시신이 있었던 게 아니라 뼈만 안치돼 있었다. 흔히 초장(草葬)의 풍습도 이런 방식의 연장이다.

3. 참성단(塹星壇)

파다 / 구덩이 참(塹)은 군사 기능을 하는 보루(堡壘) 형태의 요새(要塞)를 가리킨다.

별 성(星)은 맑다[晶]와 낳다[生]의 결합이다. 맑다[晶]는 '수정 / 빛나다'의 정도가 마치 뭇별과 같은 것을 의미한다. 빛나는 별을 나타내기 위해 낳다[生]를 첨가시켜 별 성(星)으로 완성되었다. 물론 낳다 생(生)은 싹이 발아하는 모습으로 별이 맑은 빛을 발하기에 견인된 것이다.

단 / 제단 단(壇)은 의식이나 행사를 위해 주변보다 높게 흙을 쌓아올려 만든 공간을 가리킨다. 흔히 그런 공간에서 행하는 의식은 초월적 존재에게 올리는 제사(祭祀)이다. 여기서 제사지내다 제(祭)는 보이다[示]와 손[又], 그리고 고깃덩어리[肉]의 결합이다. 보이다[示]가 제사와 관련된 의미로 사용되기에 제(祭)의 자형은 '손으로 고깃덩어리를 잡고 천신이나 조상신에게 제사를 지내다'의 의미이다.

별 성(星)　　　　　제사 지내다 제(祭)

단군이 축조한 것으로 전해지는 참성단은 『고려사(高麗史)』에 "참성단(塹星壇) 또는 참성단(參星壇)이라 한다. 단군이 하늘에 제사한 곳이라 하나 정확히 알 수 없고, 원종 4년(1264)에 왕이 이곳에서 친히 초제(醮祭)를 지냈다"라고 기록되어 있다. 『신증동국여지승람(新增東國輿地勝覽)』에서도 "단군이 제천한 곳이라 하나 본조에서도 전조에 하던 그대로 성신께 제사를 지낸다"라고 기록된 것으로 보아 조선시대까지 이곳에서 제례를 지냈던 것을 알 수 있다.

참성단(塹星壇)

4. 비류(沸流)의 미추홀(彌鄒忽)

흐르다 유(流)는 물[氵]과 거꾸로 된 아들[㐬], 그리고 머리카락
[巛]의 결합이다. 태아가 양수(羊水)와 함께 산모로부터 흘러나온다
거나 아이가 흐르는 물에 떠내려간다는 의미이다.

『삼국사기(三國史記)』의 백제 건국신화를 요약하면, "백제의 시조
온조왕은 그 아버지를 추모(鄒牟) 혹은 주몽(朱蒙)이라고도 한다. 주
몽은 북부여에서 도망하여 졸본부여로 왔다. 졸본부여의 왕은 아들

흐르다 유(流)

이 없고 세 딸만 있었는데 주몽이 보통 인물이 아닌 것을 알고 그의 둘째딸로 (주몽의) 아내를 삼았다. 얼마 후 졸본부여의 왕이 죽으니 주몽이 그 왕위를 이었다. (주몽이) 두 아들을 낳았는데 장자는 비류(沸流)라 하고 둘째아들은 온조(溫祚)라 하였다. 주몽이 북부여에 있을 때 낳은 아들인 유리(琉璃)가 와서 태자가 되자 비류와 온조는 태자에게 용납되지 못할까 두려워하여 마침내 오한(烏干), 마려(馬黎) 등 열 명의 신하와 함께 남쪽으로 갔는데 따라오는 백성이 많았다. 드디어 한산(漢山)에 이르러 부아악(負兒嶽)에 올라 살만한 곳을 바라보았다. 비류는 서쪽 해변에 살기를 원하였으나 신하들이 반대하였다. 그러나 비류는 듣지 않고 그 백성을 나누어 미추홀(彌鄒忽)로 가서 살았다"고 한다. 미추홀이 지금의 인천이다.

『삼국사기』

5. 산성(山城)

뫼 산(山)은 산봉우리가 솟은 모양을 온전히 나타내고 있다.

재 / 성 성(城)은 성곽의 망루[土]와 둥근 도끼[成]의 결합이다. 흙을 차곡차곡 높이 쌓은 공간이 망루[土]이고, 도끼 무[戊]와 고무래로 두드리다[丁, 朾]를 합하여 둥근 도끼[成]가 되었다. 망루와 도끼가 결합됐기에 성(城)은 군사적 기능을 수행하기 마련이다. 둥근 도끼가 되는 과정이 무엇인가를 만들어내는 것이기에 '이룩하다, 성취하다'의 의미를 지니게 되었다.

뫼 산(山)　　　　　　　성 성(城)

　강화산성 : 강화읍을 둘러싼 북쪽의 북산, 동쪽의 견자산, 남쪽의 남산, 서쪽의 진고개로 연결되는 총 길이 7,122m의 돌로 쌓은 성이다. 성체의 높이는 3m, 너비 4m, 성가퀴의 높이 1m이다. 고려시대 강화도가 임시 수도였을 때, 흙으로 쌓았던 내성(內城)은 몽골군에 의해 허물어졌다. 조선 초부터 다시 쌓기 시작한 강화산성은 17세기 정묘·병자호란을 계기로 숙종 36년(1710) 강화 유수 민진원(閔鎭遠)에 의해 현재와 같은 규모로 확장되었다.

　화개산성 : 고구리산성으로 불리며 교동의 화개산(259.5m)의 정상부와 북쪽 능선에 걸쳐 조성된 석성이다. 산성의 총 길이는 2,168m이다. 성벽은 내성과 외성의 2중 구조로, 성벽의 남쪽은 절벽을 자연 성채로 활용하였다. 내성의 전체둘레가 1,013m이며 외성은 1,155m이다.

　계양산성 : 계양산 정상 동쪽 봉우리(202m)를 에워 싼 석성이다. 계양산은 주봉의 높이가 해발 395m로 조선시대 부평도호부의 진산(鎭山)이었다. 계양산 일대는 삼국시대에서 현재에 이르기까지 동북쪽으로는 한강유역의 김포평야와 남서쪽으로는 서해의 관문인 인천항과 연결되는 통로이자, 수도 서울과 인천을 연결하는 교통의 요충지였다.

　문학산성 : 남구 문학동 문학산 주봉(224m) 정상부에 있는 산성이

다. 『동사강목(東史綱目)』, 『여지도서(興地圖書)』 등에 따르면, 이곳은 고구려 동명왕의 둘째아들 비류(沸流)의 도읍지로서 석성터가 있다고 기록되어 있다. 『동국여지승람(東國輿地勝覽)』에도 백제 시조 온조왕의 형인 비류가 이곳에 정착하여 미추홀(彌鄒忽)이라고 칭했다는 기록이 있다. 문학산성은 기록에 남산산성(南山山城), 남산고성(南山古城), 문학산고성(文鶴山古城), 문학고성(文鶴古城) 등으로 나타난다.

문학산성 동문

6. 경원정(慶源亭)

경사 경(慶)은 사슴[鹿]과 천천히 걷다[夊], 마음[心]의 결합이다. 천천히 걷다 쇠(夊)는 황송한 모습에서 비롯된 것이다. 경사(慶事)가 나서 사슴가죽[鹿皮]을 선물로 바치고 축하하는 마음을 반영한 글자이다.

근원 원(源)은 물[氵]과 근원[原]의 결합이다. 원(原)은 낭떠러지[厂]와 샘[泉]의 결합이기에 샘물의 시작, 즉 근원이라는 뜻이다.

정자 정(亭)은 높다[高]와 대못[丁]의 결합으로 사방을 조망할 수 있는 공간에 있는 건물을 지칭한다.

경사 경(慶) 근원 원(源) 정자 정(亭)

자연도(紫燕島, 영종도)에 있던 경원정은 고려시대 서해 연안해로
에 설치된 객관(客館) 시설이다. 고려시대의 객관은 공공시설이었기
에 빈객을 접대하는 일을 했다. 그리고 국왕의 진영(眞影)이 있어 각
종 의례를 행하는 공간이기도 했다. 특히 송의 사신단이 이용할 경
우 국왕에게 전달되는 조서를 임시로 안치하는 공간이기도 했다.

서긍(徐兢)의 『고려도경』에 따르면, 경원정은 "산에 의지하여 관사
를 지었는데, 방(榜)에 '경원정(慶源亭)'이라고 하였다"라고 기술돼 있다.
또한 주변에는 임시막사에 해당하는 막옥(幕屋) 수십 칸과 주민들
의 초가가 들어서 있었고, 부근에는 제물사(濟物寺)라는 사찰이 있
었다.

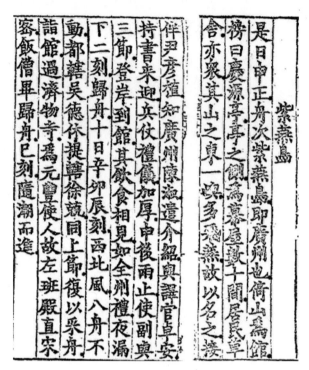

『고려도경』

7. 녹청자 도요지(陶窯址)

질그릇 도(陶)는 언덕[阜]과 껴안다[勹], 그리고 흙항아리[缶]의 결합이다. 쪼그려 앉아서 항아리를 빚고 있는 모습이다.

질그릇 도(陶)

가마 요(窯)는 가마의 입구[穴]와 질그릇을 차곡차곡 쌓은 모습[羊], 그리고 불[火]의 결합이다.

녹청자

녹청자는 고려 초~조선 말의 서민용 도자기이다. 장작을 불완전연소를 시켜 그을음이 생기도록 하는 방법은 여타의 도자기와 다르다. 그래서 녹청자는 미세한 공기구멍이 많이 있고 표면이 고르지 못해 질이 떨어지는 자기(磁器)에 해당한다. 일본인들이 녹청자를 일본 고유의 것이라고 주장해 왔으나, 경서동 도요지 발굴로 한반도에서 일본으로 기술이 전래된 것을 증명할 수 있게 되었다. 현재 서구청에서 '경서동 녹청자도요지 사료관'을 운영 중이다.

8. 계양산(桂陽山)

계수나무 계(桂)는 나무[木]와 홀[圭]의 결합이다. 두 개의 흙[土]이 결합된 '홀 규(圭)'는 황제나 왕 앞에서 신하들이 들고 있는 옥(玉)으로 된 막대기이다. '규(圭)'는 '계'의 독음을 위해 견인되었다.

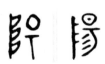

볕 양(陽)

볕 양(陽)은 언덕[阜]과 해 떠오르다[昜]의 결합이다. 산언덕에 비치는 햇빛을 의미한다.

계양산(桂陽山)은 인천광역시 계양구에 있는 높이 395m의 산이다. 계양산성의 석축은 계양산 서남쪽 정자가 있는 아래쪽에만 흔적이 남아 있다. 『신증동국여지승람』에 계양산은 부평의 진산(鎭山)이라고 기록돼 있다. 고

려 때 만일사, 명월사, 봉일사 등의 사찰을 축조했다고 하나 현재는
만일사 터만 남아 있다.

계양산, 「광여도」

'다람쥐(달+암+쥐)'의 경우처럼, '달[月]'은 '높다'의 의미이다. 그
리고 '달(達)'도 동일한 기능을 했다. 옛 지명과 관련해서 '달을(達
乙)'과 몽고의 '달로하지[達魯花赤, 우두머리]'가 이에 해당한다. '달
[月]'과 '달(達)' 이외에 '달'과 발음이 유사한 '닭[鷄]'이 있다. '닭'
의 한자 표기가 '계(鷄)'이고 이것의 음(音)에서 유추된 '계(桂)'도
유사한 기능을 했다. 계양산(桂陽山)도 '계수나무와 햇볕'의 결합이
기보다는 '주변에서 가장 높은 산' 정도로 이해할 수 있다.

9. 인주(仁州)

어질다 인(仁)은 사람[人]과 등짐[二]의 결합이다. 사람이 등에 짐을 지고 가는 모습으로, 참다 인(忍)과 독음이 같기에 '등에 짐을 지고 가며 참고 견딘다'는 의미라 할 수 있다.

어질다
인(仁)

고을 주(州)는 흐르는 내[川]와 둥근 섬[丶]의 결합이다. 강물 가운데 물에 둘러싸여 있는 땅을 가리킨다. 의미가 지역(地域, 공간)으로 확장되자 그것을 보완하기 위해 물[氵]을 더하여 섬 주(洲)를 만들었다.

『고려사』에 따르면, "인주는 본래 고구려의 매소홀현[미추홀]으로 신라 경덕왕이 소성(邵城)이라 고쳐 율진군(栗津郡)의 영현(領縣)으로 삼았고, 현종 9년에 수주(樹州) 임내(任內)에 소속하였다가 숙종 때에 이르러 황비(皇妃) 인예태후 이씨의 내향(內鄕)이므로 올려 경원군으로 삼았다. 인종 때 황비 순덕왕후 이씨의 내향이므로 지금 이름으로 고쳐 지주사(知州事)로 삼았으며, 공양왕 2년에 올려 경원

『고려사』

부(慶源府)로 삼았다[왕이 처음 즉위했을 때 호장과 홍정을 내려주었다]. 자연도, 삼목도, 용유도가 있다"고 한다.

10. 자오당기(自娛堂記)

스스로 자(自)는 코와 입을 그린 그림으로 자형(字形)의 의미는 '사람의 코'이다. 자기 자신을 지칭할 때 자신의 코를 가리켰기에 '코 자(自)'인 셈인데, 후에 코의 의미가 약해지면서 '코 비(鼻)'가 등장하였다.

즐기다 오(娛)는 여자[女]와 나라 / 삐딱하게 걷다[吳]의 결합이다. 오(吳)는 질그릇[口]을 어깨에 메고 삐딱하게 걷는 모습이다.

집 당(堂)은 높다[尚]와 흙[土]의 결합으로 흙을 높이 쌓아서 지은 집이다.

기록하다 기(記)는 말[言]과 몸[己]의 결합으로, 기(己)는 독음을 위한 것이다. 건축물, 산수(山水) 등을 묘사하는 한문 문체의 하나이다.

스스로 자(自)　　　　삐딱하게 걷다 오(吳)　　집 당(堂)

자오당(自娛堂)은 고려 고종 때, 계양도호부 부사였던 이규보(李奎報, 1168~1241)의 관사(官舍)이다. 이규보가 쓴 「自娛堂記」에 따르면, "깊은 산 옆의 갈대가 우거진 사이에 한쪽이 무너져 마치 부서진 달팽이 껍질처럼 생긴 집이 태수의 거처였는데, 집의 형편이 겨우 대들보와 기둥만 세우고 억지로 집이라 해놓은 것이다. 머리를 들기가 불편하고 굽혀서 무릎을 펴기 힘드니 무더운 여름철엔 시루에 들어 앉아 한증이라도 하는 듯하다. 모든 가족이 살기를 꺼려하는 집이지만 홀로 집안을 깨끗이 치우고 기거하면서 그 집을 자오당이라 이름 지었다"고 한다.

桂陽自娛堂記

李相國集卷第二十四

五

貞祐七年孟夏予自左司諫知制誥謫守桂陽
州之人以深山之峭菁葦之間一頹然如蝸之
破殼者爲大守之居觀其制度則抛梁架棟強
名屋耳仰不足以撐頭俯不足以橫膝當暑廥
之如入深甑中而遘炎燠之苦兒藏獲婢之貧
不欲抵居予獨喜焉灑掃而處之因挈其堂曰
自娛客有詰其由者曰今之大守古之邦伯寶
客請謁日相躡蹬是堂者省官曹之俊秀儒
擇之魁奇無不與大守宴樂其樂者而大守置人品中耶何
之日自娛則其不以句之賓客置入品中耶何
示人以不廣予笑而應之曰客安有是言哉
方僕之爲首即也出則黃裾喝道入則方丈蒲
前當是之時在青瑣之子則雖若不足於僕則
大過矢然詩人命薄自古而然忽一旦被有司

『동국이상국집』

11. 전등사(傳燈寺)

전하다 전(傳)은 사람[亻]과 방직기계[叀], 손[寸]의 결합이다. 방직기계를 손으로 쥐고 있는 모양이 전(專)이기에, 그러한 기술이나 방법을 다른 사람[亻]에게 준다는 의미이다.

등불 등(燈)은 불[火]과 오르다[登]의 결합이다. 등(登)은 독음을 위해 견인되었다. 원래 등(登)은 두 개의 발[癶]과 그릇[豆]의 결합으로 제물(祭物)을 담은 그릇을 들고 산 위의 제단으로 오르고 있는 모습이다.

전하다 전(傳)   오르다 등(登)

전등사(傳燈寺)는 인천광역시 강화군 길상면 온수리에 있다. 고구려 소수림왕 11년(381)에 아도화상(阿道和尙)이 이름을 진종사(眞宗寺)라 하였다. 고려 26대 충렬왕의 비(妃)였던 정화궁주(貞和宮主)는 시안공(始安公) 왕인(王絪)의 딸이다. 충렬왕이 태자였을 때 비가 되었으나 원종 15년 (1274) 충렬왕이 즉위하면서 정화궁주로 책봉되었다. 원나라로부터 왕비를 맞아들이게 되

전등사 대웅전

어 몽골인 왕비 제국대장공주(齊國大長公主)가 돌아온 뒤로는 늘 별궁(別宮)에 거처하면서 충렬왕과는 가까이하지 못하게 되었다. 충렬왕 8년(1282) 승려 인기(印奇)에게 부탁해서 송나라에서 대장경을 가져와 강화 진종사(眞宗寺)에 보존토록 하고, 옥등(玉燈)을 시주하였으므로 이를 계기로 사찰의 이름을 진종사에서 전등사(傳燈寺)로 고쳐 부르게 되었다.

12. 향교(鄕校)

시골 향(鄕)은 원래의 뜻이 '식사를 대접하다'이다. '곧 즉(卽)'에서 앞부분이 밥그릇[食]이고 뒷부분이 입을 벌리고 있는 사람을 나타내기에, 즉(卽)은 '막 식사를 하려는 순간'을 의미한다. 그리고 식사를 끝낸 상황은 '이미 기(旣)'인데, 뒷부분[旡]은 사람이 머리를 뒤로 돌린 모습이다. 결국 '식사 대접하다[鄕]'에서 앞부분[乡]과 뒷부분[阝]은 모두 사람을 지칭한다. 이후 시골이란 의미가 생기자 밥그릇[食]과 결합하여 '대접하다 향(饗)'을 사용하였다.

학교 / 가르치다 교(校)는 나무[木]와 사귀다 / 교차하다[交]의 결합으로, 교(交)는 독음을 위한 것이다.

시골 향(鄕)　　　　　　학교
　　　　　　　　　　　　교(校)

인천향교

　향교는 공자를 비롯해 우리나라와 중국의 성현군자를 모시는 제
사의 기능과 지방 학생들을 가르치는 학교의 기능을 했다.

　강화향교 : 고려 인종 5년(1127) 고려산(高麗山) 남쪽 기슭에 창
건되었다. 영조 37년(1731) 유수 유척기(兪拓基)가 지금의 위치인
강화

군 강화읍 관청리로 옮겼다.

　교동향교 : 고려 충렬왕 12년(1286) 문성공(文成公) 안유(安裕, 1243
~1306)가 원나라에 갔다가 돌아오는 길에 공자상(孔子像)을 들여와
교동향교에 봉안하였다. 강화군 교동면 읍내리에 위치하고 있다.

　인천향교 : 『신증동국여지승람』에 최항(崔恒, 1409~1474)의 중
수기(重修記)가 있는 것으로 보아 조선 세조 이전에 설치된 것으로

추측된다. 인천광역시 남구 관교동에 있다.

부평향교 : 고려 인종 5년(1127)에 부평의 계양산 밑에 건립되었다. 인천광역시 계양구 계산동에 있다.

13. 연미정(燕尾亭)

제비 연(燕)은 제비 입[口]과 양쪽 날개[ᅴ, ᄂ], 꼬리[灬]의 결합이다. 연(燕)은 잔치 연(宴)과 독음이 같아서 '잔치'를 의미하는 단어로 확장됐다.

제비 연(燕)　　　　꼬리 미(尾)　　　　정자 정(亭)

꼬리 미(尾)는 주검[尸]과 털[毛]의 결합으로, 사냥을 할 때 짐승처럼 꼬리를 달고 분장한 것을 가리킨다. 시(尸)는 사람 인(人)의 변형이다.

정자 정(亭)은 높다[高]와 대못[丁]의 결합으로 사방을 조망할 수 있는 공간에 있는 건물을 지칭한다.

연미정(燕尾亭)은 강화십경(江華十景)에 속할 만큼 주위 경관이 아름다운 곳이다. 이곳을 중심으로 한강과 임진강이 합류하여 한 줄기는 서해로, 한 줄기는 강화해협으로 흐르는데 그 모양이 마치 제

연미정(燕尾亭)

비꼬리 같아서 연미정이라 하였다. 고려 고종(1214~1259) 때, 이곳
에 사립학교 교육기관인 구재(九齋)를 두어 학생들을 가르쳤다고 한
다. 조선 중종은 삼포왜란(1510) 때 공을 세운 황형(黃衡, 1459~
1520)에게 이 정자와 부근의 땅을 하사하였다. 조선시대에는 조세선
이 연미정과 봉상포(鳳翔浦)에 도착하면 강화의 차사원(差使員)과
통진부사(通津府使)가 세금의 양을 검사했다.

14. 안관당(安官堂)

편안하다 안(安)은 지붕[宀]과 여자[女]의 결합이다. 지붕[宀]은 제
례를 집행하는 공간이고 여자는 무녀(巫女)이기에, 순조로운 제례의
집행을 가리키는 게 안(安)의 의미이다. 또는 지붕[宀] 아래에서 생
리 중인 여성이 조용히 쉬고 있는 모습으로 이해하기도 한다.

벼슬 관(官)은 집[宀]과 베풀다 / 등용하다 / 쓰다[用]의 결합이다. 관(官)의 갑골문에서 집[宀]의 밑에 있는 것은 사람의 머리를 묶는 댕기이다. 『설문해자(說文解字)』에 따르면, '특정한 장소를 향해 간다'에서 사람을 '등용하다 / 쓰다'로 의미가 확장되어, 파견하다 견(遣)과 스승 / 무리 사(師)와 같은 글자로 연계된 것을 알 수 있다. 견(遣)과 사(師)는 주변인들에게 존경을 받는 사람들에게 해당하는 글자이다. 그래서 관(官)은 특정 건물[宀]에서 자기의 직급에 맞게 머리를 묶은 공적인 사람을 지칭하는 것이다.

집 당(堂)은 높다[尙]와 흙[土]의 결합이다.

편안하다 안(安)   벼슬 관(官)

김민선(金敏善, 1542~1592)은 선조 25년(1592) 임진왜란 때, 인천도호부사로 있으면서 문학산성(文鶴山城)에 방어진을 구축하고 왜적을 섬멸하였다. 인천 각 지역에서 의병을 모집하며 적을 물리쳤으나, 과로로 순사(殉死)하였다. 조정에서는 그를 도승지에 추증하였고, 인천 주민들은 그의 혁혁한 공적을 기리기 위하여 문학산성 내에 '안관당(安官堂)'이라는 사당을 세워 제사를 받들었다. 사당 안에는 의복을 갖춘 남녀 목조상(木彫像)과 목마(木馬), 창(槍), 검(劍)이 있었다고 한다. 1982년에 채록된 구전설화에 의하면, "나두 그런데 거기다가 인저 그 성 있는 그 꼭대기에 올라가서 꼭대기에다가 담을 이렇게 돌려 쌓구, 돌루다가 돌려 쌓구서 거기다가 '안관 할아버지', '안관 할머니'라는 양반이 그 신을 모셨다 이말이야. 모시구서 인저 연연이(해마다) 거기다 제사를 시월에 시월 달, 시월 달, 초하룻날, 초이튿날, 초사흘, 그 인저 고 임시에 제살 지"낸다고 채록돼 있다.

15. 순절비(殉節碑)

따라 죽다 순(殉)은 앙상한 뼈[歹]와 열흘[旬]의 결합이다. 알(歹)은 죽다 사(死), 위태롭다 태(殆), 재앙 앙(殃), 쇠잔하다 잔(殘)처럼 사망 및 죽음 등과 관련돼 있다. 순(旬)은 독음을 위해 견인되었다.

마디 절(節)은 대나무[竹]와 곧 / 금방[卽]의 결합이다. 즉(卽)에서 앞부분은 밥그릇[食]이고 뒷부분은 사람이 입을 벌리고 있는 것을 나타내기에, '막 식사를 하려는 순간'을 의미한다. 식사가 끝나고 머리를 뒤로 돌리고 있는 모습은 '이미 기(旣)'이다. 즉(卽)과 기(旣)의 경계는 식사를 하는 행위를 중심으로 할 때, 동일한 듯하면서도 다르고 그것을 계기로 다시 동일한 쪽으로 이동하는 대나무 마디의 역할을 연상할 수 있다. 절(節)이 대나무 마디를 나타내기에 절개(節槪), 절의(節義) 등의 단어에 사용되었다.

비석 / 돌기둥 비(碑)는 돌[石]과 평평하다 / 낮다[卑]의 결합이다. 평평한 돌이기에 비석이다. 낮다[卑]는 부채를 손에 쥐고 누군가를 위해 부채질을 해주고 있는 모습이기에 '낮다, 천하다'의 의미가 생겼다.

<table>
<tr><td>따라 죽다
순(殉)</td><td>마디 절
(節)</td><td>비석 비
(碑)</td></tr>
</table>

강화읍에서 고려 궁지(宮趾)로 올라가는 길의 오른편에 두 개의 비(碑)가 있다. 왼쪽의 것은 숙종 26년(1700) 김상용(金尙容, 1561~1637)의 후손인 강화 유수 김창집(金昌集)이 세운 것이고, 오른쪽의 것은 순조 17년(1817) 앞의 비문이 마모되어 새로 세운 것이다. 1976년 남문 근처에서 지금의 자리로 비각을 옮기던 중에 원래의 비가 발견되어 이곳으로 같이 옮겼다. 두 비문(碑文)의 내용은 거의 동일하다. 비문에는 병자호란 때 강화성이 청에 의해 함락되자 김상용 선생이 손자와 함께 남문 밖 화약고에 불을 지르고 순절하기까지의 과정이 기록되어 있다.

순절비(殉節碑)

16. 외규장각(外奎章閣)

바깥 외(外)는 저녁[夕]과 점치다[卜]의 결합으로, 길흉(吉凶)에 대해 점을 칠 때 시간적 배경은 저녁이고 공간적 배경은 주거 공간 바깥이었다는 것을 가리킨다.

별 / 문장 / 가랑이 벌리다 규(奎)는 크대[大]와 홀[圭]의 결합이다. 대(大)는 사람이 팔과 다리를 크게 벌린 모습이고 규(圭)는 독음을 위한 것이다.

밝다 / 글 장(章)은 바늘[辛]과 문신 모양[曰]의 결합이다. 날카로운 도구로 죄인에게 묵형(墨刑)을 가하는 것이 맵다 신(辛)인데, 여기에 아프게 새겨 놓은 문신의 모양이 결합해서 '명백하게 드러나다' 또는 '글[文]'을 지칭하게 되었다.

바깥 외(外)　　　별 / 문장 규(奎)　　　글 장(章)

정조 1년(1776) 9월 25일 창덕궁 북쪽에 규장각을 세우고, 1782년에 강화도에 외규장각(外奎章閣)을 세워 서적을 나누어 보관하도록 하였다. 병인양요(丙寅洋擾, 1866년) 때에 강화도에서 퇴각하던 프랑스군은 외규장각에 보관 중이던 은괴 887kg과 1천여 종 6천여 권의 도서 가운데 340책을 프랑스로 약탈해 갔다. 나머지 서책은 모두 소각하였다.

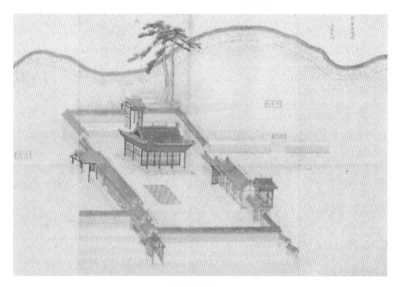

「외규장각도」

17. 어사대(御射臺)

거느리다 어(御)는 천천히 걷다[彳]와 짐을 풀다 / 부리다[卸]의
결합으로, 임금과 관련된 표현에 사용되었다.

쏘다 사(射)는 몸[身]과 손[寸]의 결합이다. 활의 화살을 당기고
있는 모양으로 손[寸]은 오른손[又]이 변형된 것이기에 오른손잡이
를 기준으로 하고 있었다는 것을 짐작할 수 있다.

돈대 대(臺)는 망대의 모습[土]과 망대의 입구[口], 지붕[冖]과 다
다르다[至]의 결합이다. 주변보다 높고 평평하여 주변을 관찰할 수
있는 건축물을 지칭한다.

거느리다 어(御) 쏘다 사(射) 돈대 대 대
(臺)

어사대(御射臺)

어사대는 부평초등학교 교정 동쪽 끝에 있다. 큰 돌에는 '어사대 광서정해중수(御射臺 光緒丁亥重修)'라는 글자가 새겨 있다. '어사대(御射臺)'에서 '御'는 국왕이고 '射'는 활을 쏘았다는 뜻이다. 1797년 정조가 김포 장릉을 전배하고, 이어서 수원의 현륭원[정조의 아버지 사도세자의 융릉(隆陵)]을 전배하기 위하여 부평을 지나갔는데, 이때 정조가 부평도호부 관아(官衙) 안에 있는 이곳에서 활쏘기를 한 곳으로 알려져 있다.

18. 충민사(忠愍祠)

충성 충(忠)은 가운데[中]와 마음[心]의 결합이다. 가운데는 '깃발'이고 그것을 중심으로 사람들이 모여 있는 모습이다. 전쟁 상황에서 깃발을 통해 명령을 전달하고 그것을 수행하는 모습에서 '충'의 의미를 짐작할 수 있다. 또는 내부가 비어 있는 상태[中]와 마음[心]의 결합으로 이해하기도 한다. 자신의 마음을 비우고 남을 위한 마음으로 채운 상태를 지칭한다는 것이다.

근심하다 / 노력하다 민(愍)은 마음[心]과 독음을 위한 민(敃)의 결합이다.

사당 / 제사지내다 사(祠)는 보이다[示]와 독음을 위한 사(司)의 결합이다. 시(示)는 누구건 볼 수 있을 정도로 제단(祭壇)을 만든 것이고, 사(司)는 깃발을 들고 있는 모습이다.

충성 충(忠)　　　　　사당 사(祠)

임경업(林慶業, 1594~1646)은 淸나라에 항거하여 민족의 자긍심을 높였다는 평가와 明나라로 망명했다는 부정적인 평가를 동시에 받았던 장수이다. 김태준은 『조선소설사』에서 그에 대해 '明나라를 돕고 丙子의 구원을 씻어내려고 동분서주하다가 간신의 모해로써 千秋의 한을 남기고 옥중에서 冤死한 장수'로 규정하고 있다. 임경

1943년 충민사

업을 소재로 삼은 소설, 설화, 행장(行狀), 신도비(神道碑) 등을 통해서도 이러한 면을 확인할 수 있다.

임경업이 옥중에서 사망하자, 그는 찬양 및 숭배의 대상이 되었다. 억울하게 죽음을 맞이했던 최영 장군(1316~1388), 남이 장군(1441~1468), 단종(1441~1457)처럼 신앙의 대상이 되었다. 특히 임경업이 중국으로 가는 도중에 나뭇가지를 이용하여 조기를 잡았다는 설화를 계기로, 그는 평안도 칠산 앞바다에서 전남 흑산도에 이르는 곳곳에서 조기 풍어(豊漁)를 기원하는 대상이 되었다. 연평도에서는 임경업 장군의 시호를 따서 충민사(忠愍祠)라는 사당을 세우고 풍어 제례를 지내왔다.

19. 토역소(討逆疏)

치다 토(討)는 말[言]과 손[寸]의 결합이다. 촌(寸)은 오른손[又]과 하나[一]의 결합으로, 손과 팔이 접합되는 관절부분에서 맥박이 뛰는

곳까지의 거리를 지칭한다. 이것을 옛날에는 도량(度量)의 기준으로 삼았기에 '기준이 될 만한 것을 가지고 말로써 상대방을 치다'의 의미가 생겼다.

거스르다 역(逆)은 달리다[辶]와 거꾸로 된 가운데[屰]의 결합이다. 가운데 앙(央)은 크다[大]와 대나무 메다[冂]의 결합으로, 대(大)는 사람이고 메다[冂]는 대나무 지게이기에 무게 중심을 가운데에 잘 잡은 상태를 가리킨다. 그런데 가운데 앙(央)이 거꾸로 된 상태에서 달리다[辶]와 결합됐으니, 그것의 의미는 '물구나무 상태에서 대나무 지게를 지고 균형을 잡으면서 앞으로 나아가다'이다.

거칠다 / 트이다 / 통하다 소(疏)는 임금에게 올리는 글의 형식이다.

거스르다 역(逆)

이건창(李建昌, 1852~1898)은 양명학자로 1866년 15세에 과거 시험에 합격하였으나 나이가 어린 관계로 19세가 돼서야 벼슬을 할 수 있었다. 1874년 서장관(書狀官)으로 발탁돼 청나라에 가서 외교 활동을 했고, 두 번에 걸쳐 암행어사를 맡기도 했다. 1905년 을미사변(乙未事變)이 일어나자, 역적을 성토하는 상소[討逆疏]를 올렸다. "匹婦匹夫의 죽음에 있어서도 자신이 天命으로 죽지 못하면 원수를 갚지 못한 원한이 있는 것인데, 어찌 國母가 시해되었는데도 그 원수를 갚지 않을 수 있겠습니까(匹婦匹夫之死 而不得其命者 猶無不

이건창의 『명미당집』

償之冤 豈有國母被弑 而讎終不復者乎)"라는 내용이었다.

20. 어재연 장군기(將軍旗)

장수 장(將)   군사 군(軍)

　장수 장(將)은 팔꿈치[肘]와 나뭇조각[爿]의 결합이다. 장(爿)은 나무[木]를 세로 방향으로 반(半)을 나눈 모양이다. 장(將)은 '팔을 지

장군기와 미군

팡이로 부축하여 나아가다'를 가리키다가 '인솔하다, 장수'의 의미로 확장하였다.

군사 군(軍)은 지붕[冖]과 수레[車]의 결합으로 군인이 타는 수레를 가리킨다.

깃발 기(旗)는 깃발 나부끼다[㫃]와 그것[其]의 결합이다. 유(斿)에서 방(方)은 깃대이고, 기(旗)에서 기(其)는 독음을 위한 것이다.

어재연 장군기는 수자기(帥字旗)라 한다. 장군이 있는 공간을 표시하려고 게양했던 깃발이다. 넓이 12폭, 길이 16척의 수자기는 무명실로 짠 깃발로 중앙에 '수(帥)'라는 글자가 적혀 있다. 깃대의 위에는 수레바퀴의 둥근 고리를 사용하여 게양할 수 있는 장치가 있다. 신미양요(辛未洋擾, 1871) 때, 3일 동안의 전투에서 조선은 광성보가 함락되자 어재연을 포함한 수비 병력 대다수 사망하였다. 광성보에 있던 수자기는 미 해군에 의해 약탈되어 미국해군사관학교박물관에 소장되어 있다가 현재 임대 형식으로 반환되어 있다.

21. 강화도 조약(條約)

가지 / 조항 조(條)는 빠른 동작[攸]과 나무[木]의 결합이다. 유(攸)는 손동작[攵] 앞에 막대기[丨], 그리고 그 앞에 사람[亻]이 결합돼

있어 다른 사람 앞에 막대를 놓고 셈을 하고 있는 모습이다. 막대기
는 수를 헤아릴 때 사용한 도구이다. 그래서
'조(條)'는 양자 간의 협의나 질서를 세울 때
사용하는 글자이다.

가지 조(條)

묶다 약(約)은 실[糸]과 작은 단위[勺]의 결
합이다. 실[糸]로 묶어서 작게 만든다는 뜻이다.

강화도조약[朝日修好條規]은 고종 13년(1876) 2월 27일 조선의
전권대신 신헌(申櫶)과 일본의 특명전권판리대신 육군중장 구로다
기요다카(黑田淸隆) 사이에 맺은 12개조로 된 불평등조약이다. 제1
조는 조선은 자주국으로 일본과 평등한 권리를 보유한다. 제2조는
조약이 체결된 후 조선 정부는 20개월 이내에 부산과 그 밖의 2개
항구를 개항한다. 제5조는 경기·충청·전라·경상·함경 5도 중에
서 연해의 통상하기 편리한 항구 두 곳을 골라 개항한다. 제7조는
일본국 항해자들이 수시로 조선국 해안을 측량하여 도면을 만들어
서 양국의 배와 사람들이 위험한 곳을 피하고 안전하게 항해할 수
있도록 한다. 제9조는 양국 백성들은 자유롭게 거래하며, 양국 관리
들은 간섭하거나 금지할 수 없다. 제10조는 일본인이 조선의 지정
한 항구에서 범죄를 저질렀을 때 일본에 돌려보내어 수사 및 판결
하게 한다.

22. 해관(海關)

바다 해(海)는 물[氵]과 매번[每]의 결합이다. 물[氵]은 문자의 속

성이고 매(每)는 독음을 위한 것이다.

빗장 관(關)은 문[門]과 빗장
[絲]의 결합이다. 빗장은 두 개
의 실[糸]과 귀걸이[혹은 걸쇠]이
기에, 양쪽의 문(門)이 열리지 않
도록 빗장을 질러놓고 단단히
밧줄로 묶은 모습이다. 흔히 연
계되다 연(聯)이 귀[耳]와 두 개
의 실[糸]과 귀걸이가 결합됐듯
이 관(關)은 관문(關門)이나 국
경의 요새를 의미한다.

강화도조약

바다 해(海)   빗장 관(關)

해관은 오늘날의 세관(稅關)이다. 인천해관은 서해안의 유일한
해관이었기에 설치 때부터 경기, 충청, 전라, 황해, 평안도 지역을
관할하였다. 인천해관의 관할은 직책상 인천감리(仁川監理) 담당이
었지만, 해관의 사무를 모두 외국인이 전담하였으므로 중앙에 있
는 총세무사가 전적으로 인천해관을 관장하였다. 정부는 1883년
6월 16일 인천해관을 설치하자마자 수세(收稅) 업무를 시작하였다.
이때의 인천해관장은 청나라가 임명한 영국인 스트리플링(A. B.

해관

Strigpling, 薛必林)이었으며, 해관 업무는 스트링플링과 함께 온 8명의 외국인이 전담하였다. 관세 업무의 경험이 전혀 없었던 정부는 해관 설치비용과 운영요원들에 이르기까지 모두 청나라에 의지해야 했다.

23. 감리서(監理署)

보다 감(監)은 눈[目]과 허리를 구부린 사람[人], 그릇[皿]의 결합이다. 허리를 숙이고 그릇에다가 자신의 얼굴을 비추고 있는 모습이다. 거울 기능을 할 수 있도록 그릇에는 물이 담겨 있었다. 허리를 구부린 사람[人] 밑에 있는 하나[一]는 숫자가 아니라 거울에 비친 모습이다. '보다'에서 '살피다, 감독하다'로 의미가 확장되었다.

다스리다 리(理)는 구슬[玉]과 마을[里]의 결합이다. 마을 리(里)는 가로 세로 반듯하게 길이 통하게 만든 마을을 지칭하다가 구슬[玉]과 결합하여 '바르다, 반듯하다, 다스리다'의 의미로 확장하였다.

마을 / 관청 서(署)는 그물[网]과 사람 / 놈[者]의 결합이다. 망(网)은 얽혀 있는 그물이고, 자(者)는 콩[豆]을 털지 않은 채 통째로 삶고 있거나 삼태기 안에 땔나무를 쌓아놓은 모양이기에, 양자를 서로 만족할 만하게 분할 및 정리하는 것은 공적 건물에 있는 사람이 담당해야 했다.

보다 감(監) 관청 서(署) 놈 자(者)

1883년 인천이 개항되자 개항장에서 발생할 수 있는 내외국인과의 여러 관계 등을 관장하고 감독할 새로운 행정기구가 필요하게 되었다. 이에 정부는 개항장에 감리서(監理署)를 내동 83번지에 설치하고, 1883년 8월 19일 감리(監理)를 임명하였다. 인천항 감리서는 일반 행정 및 외국인 관련 업무, 상품의 수출입, 외국 선박의 입출항, 내외국인의 상업과 치안질서 유지, 개항장 내의 학교 설립 및 관련 업무, 재판소와 감옥의 운영, 경찰 업무 등 개항장에서 발생하는 거의 모든 사무를 관장하였다. 이후 인천항 감리서는 1905년 이른바 을사늑약(乙巳勒約)으로 지방제도가 개편되면서 폐지되었다.

인천감리서

24. 전환국(典圜局), 압인(壓印)

법 전(典)은 책[冊]과 두 손으로 받들다[廾]의 결합이다. 책의 내용이 전쟁의 승리담이거나 풍요에 대한 기원이었기에 그것을 두 손으로 받들어 잘 보관한다는 의미이다.

둥글다 환(圜)은 에워싸다[囗]와 놀라다[睘]의 결합으로, 경(睘)은 독음을 위해 견인되었다.

도박 / 판 / 부서 국(局)은 주검[尸]과 뻗은 팔[ㄱ], 입[口]의 결합이다. 시(尸)는 몸을 구부린 모습이고 구(口)는 입이 아니라 도박에 사용되는 도구이다. 도박판에서는 판세를 읽어야 하기에 '국면(局面), 부서(部署)' 등으로 의미가 확장되었다.

누르다 인(印)은 포로를 잡아 앉힌 모습이다. 이것이 도장과 결부된 것은 포로의 이마에 문신을 새긴 것과 유사하기 때문이다.

법 전(典)　　　도박
　　　　　　　국(局)　　　　　누르다 인(印)

　인천 전동(錢洞)에 1892년 5월 착공되어 11월 완공, 12월 시운전
에 들어갔던 전환국이 있었다. 일본과 맺은 <신식화폐주조방법협정>
을 통해 인천전환국은 동전 압인(壓印) 작업만 하였으며 소전(素錢,
압인하지 않은 동전)은 일본에서 전량 수입하였다. 인천전환국은
1892년부터 전환국이 용산으로 이전하는 1900년까지 화폐를 주조하
였다.

1892년 전환국 발행 동전

25. 조계(租界)

　세금 조(租)는 벼[禾]와 남자 생식기[且]의 결합이다. 차(且)는 남

성의 생식기나 부계 혈통을 모시기 위해 차례로 쌓아 올린 제단의 모양이다. 벼[禾]와 결합된 글자는 곡물, 소득, 세금 등과 관련돼 있다. 결국 세금 조(租)는 제사를 위해 곡물을 쌓아 놓은 모습이다.

경계 계(界)는 밭[田]과 끼이다[介]의 결합이다. 밭 사이의 끼여 있는 경계의 뜻이다.

세금
조(租)

경계
계(界)

조계(租界)는 외국인 전용 거주지역의 행정권과 사법권을 해당 국가가 행사하는 지역을 말한다. 조선은 1883년 8월 <인천구조계약서(仁川口租界約書)>를 체결하여 지금의 중구청 일대를 일본인 거류지로 지정하였다. 이후 1884년에 <인천구화상지계장정(仁川口華商地界章程)>이 체결되자 지금의 선린동 일대에 청나라의 조계가 들어섰다. 이어 1884년 10월에는 <인천제물포각국조계장정(仁川濟物浦各國租界章程)>이 체결되어 영국, 미국, 청국, 일본, 독일(독일은 1885년 9월에 체결)이 공동으로 관리하는 각국조계가 확정되었다. 조계석은 인천에 설정되었던 조계의 경계를 표시해 주는 조계표석(租界標石) 또는 조계표지석(租界標識石)이라 한다.

26. 각국공원(各國公園)

각각 / 따로따로 각(各)은 뒤쳐져 오다[夂]와 말하다[口]의 결합이다. 앞의 사람과 뒤쳐져 오는[夂] 사람이 하는 말[口]이 '각각'이라는 의미이다.

나라 국(國)은 에워싸다[口]와 지역[或]의 결합이다. 지역[或]은 창[戈]과 에워싸다[口], 땅[一]의 결합이기에 국(國)은 작게 에워싼 지역들을 크게 에워싸서 무기 들고 지키고 있는 모습이다.

조계표지석

드러내다 공(公)은 여덟[八]과 사사롭다[厶]의 결합이다. 팔(八)은 서로 등을 지고 있는 모습으로 등 배(背)와 동일하다. 사사롭다[厶]는 둘러싸다 및 울타리[口]를 가리킨다. 결국 '사사롭거나 둘러싼 것을 등지다'의 의미이기에 '드러나다, 공공의'라는 의미로 확장됐다.

동산 원(園)은 둘러싸다[口]와 옷이 길다[袁]의 결합이다. 원(袁)의 발음이 '울타리 번(藩)'과 유사하기에 원(園)의 의미는 '울타리에 둘러싸인 공간'이다.

각각 / 따로따로 각(各)　　　나라 국(國)　　　드러내다 공(公)

1888년 인천 각국조계에 우리나라 최초의 공원이 들어섰다. 인천의 각국조계 안에 공원이 조성되었고, 그곳을 외국인이 공동으로 관리하였기 각국공원이라 불렀다. 1914년 인천부가 각국공원의 관리권을 독자적으로 갖고 서공원(西公園)으로 명칭을 바꾸었다. 1945년 광복을 맞아 만국공원으로, 1957년에는 맥아더의 동상 제막과 함께 자유공원으로 명칭이 변경되었다.

각국공원과 존스턴 별장

27. 미두취인소(米豆取引所)

쌀 미(米)는 벼 이삭에 낱알이 매달려 있는 모습이다. 그릇 두(豆)는 음식을 담아두는 그릇으로 받침대가 있는 모습이다. 흔히 콩 두(豆)라고 하는데 이는 독음을 위한 것이다. 취하다 취(取)는 귀[耳]와 오른손[又]의 결합이다. 전쟁에서 상대방의 귀를 잘라온 것에 따라 공(功)이 많고 적음을 따졌던 시기를 반영한 글자이다. 또는 짐승의 귀를 움켜쥐고 있는 모습이라고도 한다.

끌다 / 활 쏘다 인(引)은 활[弓]과 통하다[丨]의 결합으로 활을 끌어당긴 모습이다. 장소 소(所)는 지게문[戶]과 도끼[斤]의 결합으로 연장을 문 옆에 세워둔 모습이다. 또는 문(門)의 개념이기에 앞서 도끼[斤]로 벌목하는 소리[戶]를 지칭하다가 의미가 벌목하는 구체적인 '장소'로 확장되었다.

쌀 미(米)   그릇 두(豆)

취하다 취(取)   활 쏘다 인(引)

취인소(取引所)는 1차 생산품을 거래하는 '거래소'라는 뜻이다. 미두취인소는 1896년 5월에 우리나라 최초로 인천에 개설되었는데, 일제가 미곡 시장 장악을 위해 설립한 기관이었다. 초기에는 쌀, 대두, 석유, 명태, 방적사, 금사, 목면 등 7가지 상품을 거래했으나, 1904년부터는 거래품목을 미곡(米穀)과 대두(大豆)로 한정하였다.

미두취인소는 기미(期米)를 통한 투기와 가격 조작으로 적잖은 폐해를 낳았다. 성공한 미두꾼도 있었지만 일확천금을 꿈꾸며 인천항

인천미두취인소

으로 미곡을 싣고 온 사람들은 대부분 실패했다. 미두의 영향으로
인천항 일대는 요릿집, 주점, 여관 등의 향락 산업이 번창해 갔다.

한편 '미두'가 등장하는 소설로는 군산을 배경으로 한 채만식의
『탁류』(『조선일보』 1937.10.12.~1938.5.17.)가 주로 언급되고 있으

이광수의 『재생』

나, 그보다 13년 앞서 발표된 춘원 이광수의 소설 『재생(再生)』(『동아일보』 1924.11.9.~1925.9.28.)에서 이미 인천의 미두에 관해 상세히 서술되어 있다.

28. 잠령(蠶靈) 공양탑

누에 잠(蠶)은 단순히 누에의 겉모양을 본뜬 글자였다가 독음를 나타내는 일찍 참(朁)과 누에의 속성에 해당하는 벌레 충(虫)이 결합하여 지금처럼 변했다.

신령 령(靈)은 여자 무당[巫]과 비내리다[霝]의 결합이다. 영(霝)은 비[雨]와 세 개의 입[口]으로 구성됐는데, 비가 오도록 많은 사람들이 기원하는 모습이다. 신령 령(靈)은 '비를 잘 내리게 하는 무당'을 가리키다가 '신령, 영혼' 등의 의미로 확장하였다.

누에 잠(蠶)　　　　신령 령(靈)

일제는 양잠업 농가들에게 강제적으로 기금을 걷어 각 도(道)에 잠령공양탑을 세웠다. 누에[蠶]의 영혼을 달래며 동시에 잠업이 잘 되도록 빌기 위한 것이었다. 일제가 군비 마련을 위해 증산을 장려했기에, 1926년에 세워진 이 공양탑은 수탈의 상징이라 할 수 있다. 서구에 있던 것을 시립박물관으로 옮겨 왔다.

29. 경인철도(京仁鐵道)

잠령(蠶靈) 공양탑

쇠 철(鐵)은 쇠[金]와 크다[䜌]의 결합이다. 크다 질[䜌]은 독음을 위한 것이다. 모루[anvil] 위에 창과 같은 무기 재료를 올려놓은 모습으로 이해하기도 한다.

길 도(道)는 달리다[辶]와 머리[首]의 결합이다. 머리[首]에서 윗부분은 머리카락이 몇 올 남은 상태이고, 아랫부분은 눈의 윤곽이 선명한 해골(骸骨)이다. 맨 앞에서 조상의 해골[首]을 들고 가던[辶] 사람은 부족의 지도자이다. 이후 손[寸]이 결합하여 '이끌다 도(導)'가 '안내하다, 이끌다'의 의미를 지니게 되었다.

쇠 철(鐵)   길 도(道)

청일전쟁(1894) 중에, 일본은 서울~인천과 서울~부산 간 철도의 예측 선로 탐사를 마치고, 인천~서울 간 군용도로 부설계획을 확정하였다. 그러나 일본 세력이 확대되는 것을 우려한 정부는 1896년 3월, 경인철도 부설권을 미국인 모오스(J. R. Morse)에게 넘

겨주었다. 모오스는 1897년 3월 22일 지금의 인천 도원역 부근에서 경인철도 기공식을 하고 공사에 들어갔다. 모오스는 건설자금의 악화 등으로 공사에 어려움을 겪다가, 1899년 1월 일본이 조직한 경인철도인수조합에 철도부설권을 매각하였다. 경인철도인수조합은 1899년 4월 23일 인천역에서 두 번째 기공식을 거행하고 공사를 재개하여 같은 해 9월 13일 인천역에서 개통식을 가졌다. 이로써 한국에서는 최초로 인천과 노량진 사이를 운행하는 철도가 개통되었다. 이후 1900년 7월 5일 한강철교가 준공, 7월 8일에는 노량진~서울역(서대문) 구간이 개통되었다.

1897년 철도 기공식

30. 근대 숙박(宿泊), 대불호텔

쉬다 / 묵다 숙(宿)은 집[宀]과 사람[亻], 돗자리 모양[百]의 결합이다. 사람이 지붕이 있는 공간에서 잠자리를 깔고 누워 있는 모양이다.

머무르다 / 배 대다 박(泊)은 물[氵]과 일정 공간에 두다[白]의 결합이다. 배[舟]를 정박(碇泊)한 것을 가리킨다.

묵다 숙(宿)　　　　머무르다 박(泊)

경인철도가 완공되기 전까지, 인천에는 많은 숙박업소가 있었다. 우리나라 최초의 호텔 대불호텔은 1888년 건축된 벽돌식 3층 건물이었다. 일본조계 입구에 자리를 잡았지만, 주로 서구인들을 대상으로 영업을 해야 했기에 서구식으로 설계 및 건축되었다. 대불호텔은 영어로 손님을 맞으며 서양 요리를 제공하였다. 객실은 모두 11개이고 숙박요금은 상급이 2원 50전, 중급이 2원, 하급이 1원 50전이었다. 1899년 9월 경인철도 개통으로 손님이 끊기자 1918년쯤에 중국인에게 매각되었다. 이후 중국 음식점인 중화루로 바뀌었는데 공화춘, 동흥루와 함께 인천을 대표하는 중국요릿집이었다.

중화루로 바뀐 대불호텔

대불호텔 이외에도 인천에는 중국인이 운영하는 이태호텔과 헝가리인 소유의 한국호텔, 5백 명을 수용하는 대규모 연회장을 갖춘 인천호텔 등이 외국인을 상대로 영업을 하였다.

31. 성당(聖堂)

성인 성(聖)은 귀[耳]와 입[口], 그리고 크다[壬]의 결합이다. 크다 임(壬)은 사람이 흙 위에 올라서서 주변을 살피는 모습이다. 높은 데서 주변을 조망했으니 주변인들에게 올바른 명령을 내렸을 것이다. 이러한 귀[耳]와 입[口]을 지닌 자는 지도자에 해당한다. 원시시대 수렵의 방법 및 지도자의 요건을 짐작할 수 있는 글자이다.

집 당(堂)은 높다[尚]와 흙[土]의 결합이다. 흙을 높이 쌓아서 지은 큰 집이다.

성인 성(聖)　　　집 당(堂)

답동성당 : 1895년 마라발 신부가 설계도를 토대로 공사를 했고, 1897년 7월 4일 조선교구장 뮈텔 주교가 참석한 가운데 축성식을 거행하였다. 전면에 3개의 종탑을 갖춘 300평 규모의 로마네스크 형식의 건물이었다. 1935년부터 성전의 외곽을 벽돌로 쌓아올리는 개축작업을 시작하여 2년 후인 1937년 축성식을 가졌다.

내동성공회성당 : 성공
회의 인천 전도는 1890년
9월 29일 존 코프
(Charles John Corfe) 주
교와 닥터 랜디스(Eli
Barr Landis)에 의해서였
다. 랜디스 박사는 지금의
성당 건물이 있는 자리에
성 누가 병원을 개업하였
다. 월미도 앞 바다에서
러일해전으로 자폭한 러시
아 함정의 부상병을 치료
하는 공간이기도 했다.
1955년 8월 28일 이 건물

답동성당

을 헐고 그 자리에서 새로 건축할 성당의 기공식을 갖고, 1956년에 6
월 23일에 준공했다.

성공회강화성당 : 고종 30년(1893) 영국인 워너 성공회신부가 강
화외성 밖 갑곶나루터에서 선교를 시작하였다. 고종 37년(1900) 트
롤로프신부가 성당을 축성했는데, 이 성당은 전통적인 한옥 구조물
과 서양의 기독교식 건축 양식을 절충해서 지은 건물이다. 성당 앞
은 태극 문양이 새겨진 삼문과 담장이 이어져 성당권역 전체를 두르
고 있다.

32. 제녕학교(濟寧學校)

건너다 / 돕다 제(濟)는 물[氵]과 가지런하다[齊]의 결합이다. 원래 제(濟)는 강(江)의 이름이었다가 이후 '건너다, 돕다'라는 의미가 생겼다.

편안하다 영(寧)은 집[宀]과 그릇[皿], 마음[心]의 결합이다. 비바람을 피할 수 있는 공간이 있고 게다가 음식도 있으니 마음이 편할 수밖에 없다.

배우다 학(學)은 두 개의 손[臼]과 문자[爻], 지붕[冖]과 자식[子]의 결합이다. 문자[爻]는 매듭을 지은 모습이기에 후대의 문자[지식]로 이해해도 된다. 학(學)은 손으로 매듭짓는 것을 건물[冖] 안에서 어린 사람에게 가르치는 것을 의미한다.

편안하다 영(寧)   배우다 학(學)

제녕학교는 1904년 서상빈(徐相彬, 1859∼1928)이 설립한 사립학교였다. 이 학교에서는 인천세관의 관리로 근무하던 한성외국어학교 인천지교 출신의 수재들이 영어와 신학문을 가르쳤다. 낮에는 일반 보통학교 수업을 하고 야간에는 영어 수업을 하였다. 러일전쟁(1904∼1905)에서 러시아가 패하자 관립외국어학교는 관립일어학교로 바뀌고, 제녕학교의 영어 수업도 금지되었다. 1907년 인천공립보통학교(창영초등학교)로 흡수되었다.

제녕학교 수업

33. 내리교회(敎會), 예배(禮拜)

가르치다 교(敎)는 문자[爻]와 자식[子], 작대기로 치다[攵]의 결합
이다. 작대기를 들고 자식에게 문자를 가르치고 있는 모습인데, 효
(爻)를 부(父)의 변형으로 이해하면 가르치는 주체는 아버지이다.

모이다 회(會)의 윗부분은 뚜껑이고 아랫부분은 시루에 음식이 담
겨 있는 모습이다. 결국 회(會)의 의미가 '시루에 뚜껑을 덮다'이기
에 '합치다, 모이다'로 확장되었다.

예도 / 예절 예(禮)는 땅귀신 / 보다[示]와 그릇 /넉넉하다[豊]의

결합이다. 풍(豐)의 윗부분은 옥[玉]이고 아랫부분은 북[鼓]이다. 옥과 북으로 경건하게 신을 섬기다의 뜻이다. 또는 아랫부분을 북[鼓] 대신 그릇[豆]으로 해석을 하면 '옥그릇으로 만든 제기(祭器)로 신을 섬기다'이다.

절 배(拜)는 손[手]과 빠르다[丰]의 결합이다. 무릎을 꿇고 바닥에 앉아 있다가 상대방에게 예를 표시할 때 두 손을 땅에 대고 머리를 재빨리 수그리는 모습이다.

가르치다 교(敎)   모이다 회(會)

넉넉하다 풍(豐)   절 배(拜)

1885년 4월 아펜젤러 부부는 감리교가 정착하는 데 중요한 역할을 하였다. 처음 인천 지역에 감리교가 터를 잡은 곳은 청국조계였다. 본격적인 감리교 선교는 1891년 6월 아펜젤러가 이 지역 선교책임자로 부임하면서 시작되었다. 청국조계 내에 있던 선교 본거지를 내동 언덕으로 옮기고 예배당을 건립하였다. 1891년 완공된 내리교회의 건물형태는 외벽은 석회, 지붕은 일본풍이었으나 1901년 12월에 그 건물을 허물고 벽돌조로 된 십자형 건물을 신축하였다.

내리교회

34. 제물포 구락부(俱樂部)

함께 / 모두 구(俱)는 사람[亻]과 갖추다[具]의 결합이다.

즐겁다 락(樂)은 두 개의 실타래[糸]와 손톱[白], 나무[木]의 결합이다. 사람의 손톱이 실로 만든 현(絃)의 사이사이를 옮겨 다니며 소리를 내고 있는 모습이다. 악기 악(樂)과 즐기다 요(樂)로 의미가 확장되었다.

함께 구(俱)　　　　　　즐겁다 락(樂)

　제물포 구락부[club]는 각국조계 내의 서구 외국인들을 위한 사교장이었다. 1891년 8월 22일, 알렌목사의 부인과 영국 영사 등이 제물포클럽의 개소식에 참석하였다. 이때 문을 열었다는 제물포구락부의 위치를 현재 확정할 수 없지만, 1902년 6월 22일 지금 위치에 제물포구락부를 건립하였다. 자유공원이 있는 응봉산 자락을 깎아 내고 벽돌로 된 2층 건물을 지었다. 내부는 도서실과 당구장, 사교 모임을 위한 공간이 넓게 마련되어 있었다.

　경술국치(庚戌國恥, 1910) 이후 인천의 조계가 폐지되면서 제물포구락부는 '정방각(精芳閣)'으로 이름을 바꾸고 일본재향군인 인천연합회로 사용되었다. 광복 이후 미군의 장교구락부로, 1947년 10월부터는 대한부인회 인천지부회관으로, 이후에는 시립박물관과 중구문화원 등으로 활용되다가 지금은 내부 수리를 거쳐 '제물포구락부'라는 이름으로 시민들에게 개방되었다.

35. 조선수사해방학당(朝鮮水師海防學堂)

　물 수(水)는 시냇물이 흐르고 있는 모양이다. 또는 떨어지는 물방울[氵]의 형상이다.

　군사 / 스승 사(師)는 언덕[𠂤]과 둘러보다[帀]의 결합이다. 언덕[𠂤]에는 해당 지역을 지키는 군인들이 주둔하고 있었고 그곳을 구

제물포구락부

석구석 둘러보는 사람[帀]은 군대의 지도자였다. 둘러보다 잡(帀)이 군인의 지도자이기에 스승 사(師)의 의미를 지니게 되었다.

바다 해(海)는 물[氵]과 매번[每]의 결합이다. 물[氵]은 문자의 속성이고 매(每)는 독음을 위한 것이다.

막다 / 방호하다 방(防)은 언덕[阜]과 방위[方]의 결합으로, 방(方)은 독음을 위해 견인되었다.

물 수(水)   군사 / 스승 사(師)

조선은 해군 장교를 양성하기 위해 해군사관학교를 건립했다. 1893년 10월 7일 조선수사해방학당(朝鮮水師海防學堂)이 문을 열었다. 강화 갑곶진 진해루(鎭海樓) 바로 안쪽의 수군(水軍) 관아를 개수 및 보수하여 교육장과 교련장을 마련하였다. 생도 38명과 수병

300여 명이 본격적인 군사교육에 앞서 영어교육을 받았다. 이듬해 4월 영국에서 파견된 군사교관 콜웰(W. H. Callwell) 대위와 조교 커티스(J. W. Curtis) 하사에 의해 본격적인 군사교육이 시작되었다. 그러나 군사교육이 시작된 지 3개월 후에 청일전쟁(1894)이 발발하였다. 결국 1894년 7월 15일 구식 수군제 폐지와 함께 강제 폐교되었는데, 이는 조선의 군사력이 근대화되는 것을 꺼린 일본이 압력을 행사했기 때문이다. 결국 조선수사해방학당은 1기의 졸업생도 배출하지 못했다.

36. 광고(廣告)

넓다 광(廣)은 집[广]과 누렇다[黃]의 결합이다. 집[广]은 지붕은 있지만 사방이 트인 공간이고, 누렇다 황(黃)는 불화살 모양에서 출발하여 '밝은 불빛'을 의미하게 되었다. 양자를 합하면 지붕만 있는 트인 공간에 밝은 불빛이 비추고 있는 모습이다. 광(廣)은 '트인 넓은 공간'으로 확장되었다.

알리다 고(告)는 소[牛]와 입[口]의 결합으로 귀한 동물을 제물로 바치고 제문(祭文)을 읽고 있는 모습이다.

넓다 광(廣)   알리다 고(告)

『한성주보』 1886년 2월 22일자에는 한문으로 된 '고백(告白)'이

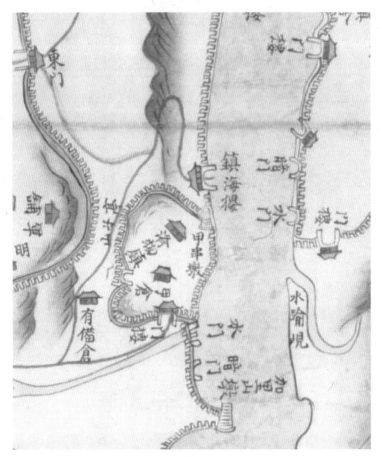

갑곶진과 진해루, 「해동지도」

실렸는데, 이를 현대문으로 옮기면 다음과 같다.

알릴 것은 저희 세창양행이 조선에서 개업하여 호랑이, 수달피, 검
은담비, 흰담비, 소, 말, 여우, 개 등 각종 가죽과 사람의 머리카락,
소, 말, 돼지의 갈기털, 꼬리, 뿔, 발톱, 조개와 소라, 담배, 종이, 오
배자, 옛 동전 등 여러 가지 물건을 사들이고 있습니다. 또 세창양행
이 조선에서 개업하여 외국에서 자명종 시계, 들여다보는 풍경, 뮤직
박스, 호박, 유리, 각종 램프, 서양 단추, 서양 직물, 서양 천을 비롯

해 염색한 옷과 염료, 서양 바늘, 서양 실, 성냥 등 여러 가지 물건을 수입하여 물품의 구색을 갖추어 공정한 가격으로 판매하오니 모든 귀한 손님과 선비와 상인은 찾아와 주시기 바랍니다.

세창양행의 염료 상표

언론 매체를 통한 최초의 상업 광고주는 세창양행(世昌洋行)이다. 이에 대해 황현(黃玹, 1855~1910)은 『매천야록』에서 "심하도다. 우리나라 사람들의 아둔함이여. 대개 나라에 들어오는 물건은 비단, 시계, 물감 따위 기묘하고 기이한 물건에 지나지 않고 나라에서 나가는 것은 쌀, 콩, 가죽, 금, 은 따위 평상시 박실한 보배였다"고 한탄하고 있다.

37. 이민(移民)

옮기다 이(移)는 벼[禾]와 많다[多]의 결합이다. 다(多)는 저녁[夕]과 저녁[夕]이 겹쳐서 '여러 날이 지나다'이기에 '많다'의 의미가 생겼다. 벼[禾]는 이삭이 영글면서 많아짐에 따라 이삭끼리 서로 기대게 되는데, 그런 모습에서 '옮기다, 움직이다'의 의미가 생성되었다.

백성 민(民)은 눈[目]과 창[戈]의 결합이다. 죄인이나 포로를 복종시키기 위해 창으로 눈을 찌른 모습이다. 나중에 백성이란 의미로 확장되었다.

백성 민(民)

1902년 12월 22일 인천 제물포에서 하와이를 향해 첫 번째 이민단이 떠났다. 100여 명 정도의 이민자들 중에서 80% 정도가 인천지역권에 거주하던 사람들이었다. 이민선 갤릭(S. S. Gaelic)호에 탑승한 이민자 중 절반은 존스 목사가 담임으로 있는 내리교회의 신도들이었다. <대한제국집조(大韓帝國執照)>라는 일종의 여권을 발급받은 이민단은 1902년 12월 22일 일본 선박 겐카이마루(玄海丸)를 타고 제물포를 출발해 나가사키에 도착했다. 이곳에서 신체검사를 마치고 갤릭호에 승선해서 1903년 1월 13일 하와이 호놀룰루에 도착하였다. 이후 대한제국에서는 해외 이민을 담당하는 유민원(綏民院)을 통해 전국적으로 희망자를 모집하였다.

이민선 갤릭(S. S. Gaelic)호

38. 조선인촌주식회사(朝鮮燐寸株式會社)

도깨비불 인(燐)은 불[火]과 귀신불[粦]의 결합이다. 연(粦)은 계속 번쩍이는 귀신불의 모양으로 물고기 비늘[鱗]을 연상하면 이해할 수 있다. 인(燐) 가루를 몸에 바른 무당이 큰 신발을 신고 춤을 추는 모습이다.

마디 촌(寸)은 손[又]의 아래에 점을 찍어 손목을 나타낸 모습이다. 결국 인촌(燐寸)은 손으로 도깨비불을 만드는 것으로 '성냥'을 의미한다.

炎 燚 ヨ

도깨비불 인(燐)   마디 촌(寸)

인천 최초의 성냥 공장은 1917년 10월 금곡리(金谷里)에 설립된 조선인촌주식회사(朝鮮燐寸株式會社)이다. 성냥 공장이 위치할 수 있었던 이유는 압록강 일대에서 생산되는 목재를 쉽게 들여올 수 있고 성냥을 경인 지역의 넓은 시장에 판매할 수 있는 공간으로 인천이 최적지였기 때문이었다. 이 회사에서는 남자

조선인촌주식회사 상자와 성냥

조선인촌주식회사 여자직공들

2백 명, 여자 3백 명 등 총 5백 명의 직원이 패동(佩童), 우록표(羽鹿票), 쌍원표(雙猿票) 등의 성냥을 연간 7만 상자를 생산했다. 성냥갑은 따로 하청을 주었는데, 주변의 500여 집에서 이 일을 맡아 했다. 『인천 한 세기』(신태범)에는 "당시 지역 여건을 서울과 비교할 때 서울에는 성냥공장을 세울 만한 부지가 없었고 전력도 인천보다 부족했다"며 "인천은 성냥공장이 들어서기에 적지였다"고 기록돼 있다.

39. 도서관(圖書館)

그림 도(圖)는 땅을 에워싸다[囗]와 경계[啚]의 결합이다. '땅의 경계를 그리다'로 의미가 확장되었다.

글 서(書)는 붓[聿]과 말하다[曰]의 결합이다. 말한 것을 붓을 이용해 문자로 만드는 과정을 연상하면 된다. 혹은 말하다[曰]를 삼태기 안에 땔감을 저장해둔 놈 자(者)의 약자(略字)로 이해하기도 한다. 그러면 글 서(書)는 붓[聿]으로 사물을 그려서 저장해 놓았다는 의미가 된다.

집 / 객사 관(館)은 밥 그릇[食]과 특정 건물[宀]에서 자기의 직급에 맞게 머리를 묶은 공적인 사람의 결합이다. 관원(官員)이 공무로 다닐 때 숙식(宿食)을 해결할 수 있는 공간이었다.

그림 도(圖)　　　글 서(書)　　　객사 관(館)

1922년 1월 인천부가 세창양행 숙사(宿舍)를 매입하여 도서관으로 리모델링함으로써 인천시립도서관이 출발할 수 있었다. 초기에

시립도서관

장서(藏書)는 불과 900권이었지만 국내 최초의 시립도서관이라는 데 의의가 있다. 인천시립도서관은 1941년 신흥동 2가 221로 이사하는 등 여러 차례 이전하는 곡절을 겪었다. 광복 후에는 율목동으로 옮겼다가 2010년 6월 23일 남동구 구월동에 새 청사(廳舍)를 마련하고 '미추홀'이라는 이름으로 새롭게 자리 잡았다.

40. 음료(飮料), 사이다

마시다 음(飮)은 밥[食]과 입 벌리다[欠]의 결합이다. 원래 밥[食]에서 윗부분은 사람의 입이고 아랫부분은 술병[酉]인데 그것이 지금처럼 변했다. 하품 흠(欠)은 사람[人]이 입을 크게 벌리고 있는 모습이다. 음(飮)은 술병을 잡고 입을 벌려 술을 마시고 있는 모습이기에 '마시다'의 의미로 확장되었다.

헤아리다 료(料)는 쌀[米]과 말[斗]의 결합이다. 말[斗]을 가지고 곡식을 계량하고 있는 모습이다.

마시다 음(飮)

『인천부사(仁川府史)』에는 1905년 인천탄산수제조소가 중구 신흥동 해광사 인근에서 창업했는데, 미국식 제조기와 5마력짜리 발동기를 이용해 청량음료 '별표' 사이다를 생산했다고 한다. 광복 후 인천 탄산수제조소의 후신 경인합동음료가 '스타' 사이다를 만들었다.

미국 월간지 『월드 아웃룩』 1916년 9월자에 인천 사이다에 대한 사진이 있는데, 경인선 객차 전면을 덮은 광고는 '성인(星印, 별표) 샴페인 사이다'와 '인천탄산수제조소'라는 상호이다. 이후 서울의 '칠성' 사이다가 이를 흡수하였다.

1910년대 열차에 붙은 '성인(星印)표' 사이다 광고

41. 상계월보(商界月報)

장사 상(商)의 윗부분은 새[鳥]의 정면이고, 아랫부분은 토담집의 모습이다. 상(商) 나라가 망하자 부족들이 이리저리 떠돌아다니며

장사를 했기에 '장사'라는 의미가 생겼다.

알리다 보(報)는 행복하다[幸]와 무릎 꿇다[卩], 손[又]의 결합이다. 원래, 행(幸)은 팔을 고정시키는 수갑(手匣)이기에 무릎 꿇다[卩]와 손[又]을 결합하면 '심문, 고문'하는 모습이다. 이후 필요한 '정보를 알리다'의 의미로 확장되었다.

장사 상(商)　　　　　알리다
　　　　　　　　　　보(報)

일본 상인들은 1885년 10월 인천항일본인상법회의소를 결성하고 1892년 '인천일본인상업회의소'로 개편한 후 인천항 상공업의 현황,

인천상공회의소

물가, 금융, 생산, 수출 등에 대한 통계와 해설이 게재되어 있는『상업회의소월보』를 발간했다. 일본 상인들이 월보를 발행하여 정보 교류를 확대해 나가자 조선 상인들도 1905년 7월 '인천조선인상업회의소'를 결성하고 1912년 5월 11일 월간지를 간행했다. 이것이 인천 최초의 상업계 출판물로 평가받는『상계월보(商界月報)』이다.『상계월보』는 1915년 7월 15일 조선총독부에 의해 문을 닫을 때까지 매월 발행되어 1915년 4월 15일 제36호까지 이어졌다.

42. 대중일보(大衆日報)

무리 중(衆, 眾)은 햇빛[日]과 일하는 여러 사람들[人人人]의 결합이다. 햇빛 아래에서 세 명이 일을 하고 있는 모습이다.

무리 중(衆)

우리나라 최초의 근대적 신문은 1883년 10월 31일 서울에서 창간된『한성순보(漢城旬報)』이다. 그러나 1884년 10월 19일에 정간되고, 1888년 7월 14일에 폐간되었다. 인천에 1890년 1월 25일『인천경성격주상보(仁川京城隔週商報)』가 태어나지만, 그것은 식민 침탈의 한 방편으로 삼으려고 일본인이 발행한 신문이었다. 그 후에 나온『조선신보』,『신조선』,『조선타임즈』등도 마찬가지였다. 1945년

10월 7일 창간된 『대중일보(大衆日報)』에서 인천 지역지(地域誌)가 시작되었다. 전 매일신문 인천지사장을 맡았던 송수안(宋壽安)이 중심이 되어 타블로이드 2면의 신문을 지금의 인천시 중구 중앙동에서 발행하였다.

대중일보사

43. 애관(愛館)

사랑 애(愛)는 천천히 걷다[夊]와 베풀다[悉]의 결합이다. 애(悉)는 먹이다 궤(饋)와 독음이 유사하여, 음식을 먹고 고마움으로 그 주변을 차마 떠나지 못해 천천히 걸음을 옮기고 있는 모습이다. 이후 '아끼다, 사랑하다'로 확장되었다. 또는 받다[受]와 마음[心]의 결합으로 이해하는 경우도 있는데, 앞에 있는 수(受)는 손[爪]과 물건 모습[冖], 천천히 걷다[夊]가 합해진 것이다. 천천히 걷다[夊]는 손[手]의 변형이기에 손[爪]과 손[手]의 사이에 물건을 들고 주고받는다는 의미가 생겼다. 어쨌건 마음이든 물건이든 주고받는 일이 사랑의 출발이었다.

집 / 객사 관(館)은 밥 그릇[食]과 특정 건물[冖]에서 자기의 직급에 맞게 머리를 묶은 공적인 사람의 결합이다. 관원(官員)이 공무로 다닐 때 숙식(宿食)을 해결할 수 있는 공간이었다.

사랑 애(愛)　　　　객사 관(館)

『인천석금(仁川昔今)』에 따르면, "그는 용동에 창고처럼 벽돌집을 지어놓았다. 이것이 우리 손으로 된 최초의 극장 협률사(協律舍)다. 당시에는 남사당패 또는 굿중패라는 민속가요와 연예가 흥행계의 첫손가락을 쥐었었다. …… 협률사는 축항사(築港舍)로 이름을 고쳤고, 20여 년 전 홍사헌(洪思憲) 씨가 애관(愛館)으로 명칭을 갈아서 연극과 영화의 상설관으로 만들었다. 지금은 국극단이 현대화된 장치와 가요를 구사하고 있지만 당시는 광대라고 천대받던 명창 이동백, 박춘재, 홍도화, 이화중선 등 제씨가 불우한 환경 중에 우리나라 고유한 노래를 발전 계승케 했던 것이다"라고 남기고 있다.

애관(愛館)

44. 외국인 묘지, 의장지(義莊地)

옳다 의(義)는 양[羊]과 내[我]의 결합이다. 양(羊)은 아름답다 미(美)이고 아(我)는 창을 들고 춤을 추면서 예(禮)를 행하고 있는 모습이다. 이후 이러한 뜻을 '예의 의(儀)'에 물려주고 의(義)는 '옳다, 의롭다'로 확장되었다.

씩씩하다 장(莊)은 풀[艹]과 왕성하다[壯]의 결합이다. 풀이 무성한 모양인데 이후 '성장하다, 존귀하다'의 의미로 확장되었다.

땅 지(地)는 흙[土]과 여성 성기[也]의 결합이다.

옳다 의(義)

1883년부터 설정된 조계지와 청일전쟁(1894), 러일전쟁(1904)을 거치면서 인천의 인구는 급증하였다. 외국인이 늘어감에 따라 사망하는 자도 증가하였다. 그래서 인천 지역에는 사망한 외국인 유해처리를 위해 공동묘지가 조성되기 시작하였다. 의장지라 불리던 청국인 묘지는 지금의 내리교회 뒤쪽 성공회성당 언덕 아래 비탈에 있다가, 1912년 도화동 인천대학교 일대로 옮겼다. 일본인 묘지는 1884년 이전에 형성되기 시작하여, 1888년 지금의 신흥동 일대에 묘지와 화장장을 설치하였다. 이어 1902년에는 율목동에 대규모 공동묘지를 조성하여 여러 지역에 흩어져 있던 거류민과 청일·러일전쟁 때 전사한 유해를 이장하였다. 서양인들의 묘지는 1883년 북성동 1가 1번지에 조성되었는데, 중국인과 일본인 묘지와는 달리 공원식으로 설계되었으며 묘비 역시도 다양한 형태로 만들어졌다. 쿠퍼, 랜디스, 오례당과 부인 에밀리아, 헨켈, 묄터 타운센드 등 개항 이후 각계에서 활동하다가 인천에서 사망한 11개국 59명의 무덤이 조성되어 있

외국인묘지

다. 1965년 청학동으로 이전되었으며 현재 모두 66기의 외국인 묘가 들어서 있다.

45. 기상관측(氣象觀測)

기운 기(氣)는 쌀[米]과 기운[气]의 결합이다. 기(气)는 산에서 안개가 세 겹으로 피어오르는 모습이고 미(米)는 독음을 위한 것이다.

코끼리 상(象)은 코끼리의 모습을 그린 글자이다. 그런데 살아 있는 코끼리를 보는 게 쉽지 않아서 코끼리뼈의 일부분을 가지고 전체를 상상했기에 '상상하다'의 의미를 지니게 되었다.

코끼리 상(象)　　　　　보다 관(觀)

　　보다 관(觀)은 황새[雚]와 보다[見]의 결합이다. 올빼미가 주변을
둘러보고 있는 모습을 나타낸 글자이다.

　　헤아리다 측(測)은 물[氵]과 법 / 본받다[則]의 결합으로 '물 깊이
를 재다'의 뜻이다.

　　인천측후소에 관한 기록을 『향토지(鄕土誌)』에서 발견할 수 있다.
이에 따르면, 1905년 1월 인천 응봉산 정상에 목조 2층 69평 규모의
인천측후소가 들어섰다. 측후소 설치는 1년 전, 1904년 3월 5일 <대
한제국칙령 제60호>로 중앙기상대에 임시관측소를 설치하고 3월 7
일 인천 이하 다섯 곳에 임시관측소를 설치하기로 했던 것에서 출발
한다. 이것이 조선에서의 근대과학을 기초로 한 기상관측의 출발이
었다. 1907년 3월 통감부관측소 관제의 제정에 따라 인천임시관측
소는 통감부관측소로, 다른 관측소는 그 지소로 편입시켰다. 예컨대
인천은 '인천측후소'라는 명칭이었지만 이외의 경성이나 평양, 대구
에는 '지소(支所)'라는 명칭을 함께 사용했다. 관측사항은 기압, 기
온, 습도, 풍향, 풍속, 강수량, 증발량, 구름의 투명도 등의 중요한 기
상요소를 비롯하여 그 외의 기상현상을 실측했다. 물론 지진관측,
지자기관측, 상층기류관측, 일기예보, 폭풍경보, 기상전보, 일기도
등도 측후소의 소임이었다.

인천측후소

46. 정미소(精米所)

찧다 정(精)은 쌀[米]과 푸르다[靑]의 결합이다. 청(靑)은 낳다 생
(生)과 우물 정(井)의 결합인데, 후자는 독음을 위해 견인되었고 전
자는 땅을 뚫고 나오는 새싹의 모습이다. 정(精)은 '껍질을 벗겨낸
흰 쌀 알'이지만 이후 의미가 '정밀하다, 섬세하다'로 확장되었다.

장소 소(所)는 문[戶]과 도끼[斤]의 결합으로, 연장을 문 옆에 세
워 둔 모습이다. 또는 도끼[斤]로 벌목하는 소리[戶]였다가 의미가
벌목하는 '장소'로 확장된 것으로 이해하기도 한다.

精　　米　所

찌다　　　쌀 미(米)　　　장소 소(所)
정(精)

　한국인 최초의 정미소로는 1924년에 유군성이 신흥동에 세운 '유
군성정미소'이다. 유군성정미소는 엥겔식 정미기 3대, 중앙식 2대를
갖춘 소규모 정미소였는데, '직공은 남녀 70명이었고 정미 능력은 1
일 현미 250석, 정미 100석'이었다. 일본인들이 독점하고 있던 인천
항 정미업계에 유군성이 단신으로 뛰어들었다. 유군성은 동산중·고
교의 설립 및 확장에 도움을 줄 정도로 사업수완이 뛰어났다.

　한편 1920~30년대, 인천이 미곡 집산지이자 수출항이었기에 정
미를 하면서 부산물로 나오는 막대한 양의 겨를 처치하기가 곤란해
바다에 버렸는데, 겨를 땔감으로 전용하여 사용하기도 하였다.

정미소의 여성들

유군성 정미소 명함

47. 영화학당(永化學堂)

길다 영(永)은 강물이 본류(本流)에서 갈라져 나가는 지류(支流)들의 모습이다.

변하다 화(化)는 사람[人]과 거꾸로 된 사람[匕]의 결합이다. 사람의 모습이 다르게 변했다는 의미이다. 이후 이러한 뜻을 교화(敎化)라는 단어로 넘기고 '변하다, 바뀌다, 되다'의 의미를 가졌다.

길다 영(永)   변하다 화(化)

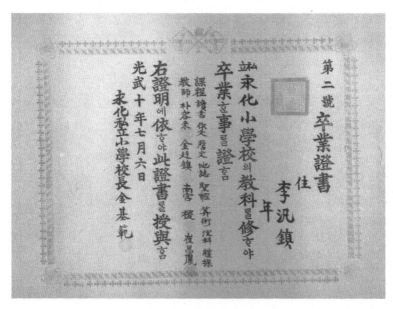

영화소학교 졸업장(1906)

1905년 싸리재로 옮기기 전의 영화여학교

    1892년 3월, 조원시(George Heber Johns, 한국명: 趙元始) 목사는 지금의 내리교회 구내에서 강재형(姜在亨) 전도사 부부와 함께 남자 어린이 3명 여자어린이 2명을 모아 신학문을 가르치기 시작했다. 남학생 학급은 후에 영화학교가 되었고, 여학생 학급은 영화여자학교의 시초가 되었다. 이들은 학교이름을 영화학당이라 했는데, 이는 우리나라 최초의 서구식 초등교육기관이었다.

48. 양무호(揚武號)

    오르다 / 날다 양(揚)은 손[扌]과 해 떠오르다[昜]의 결합이다.
    군인 / 굳세다 무(武)는 발[止]과 창[戈, 혹은 작살 弋]의 결합이다. 발[止]은 발자국이기에 무기를 들고 걸어가는 군인의 모습이다. 발[止]을 그치다 지(止)로 이해하는데, 이것은 전쟁이나 폭력이 그치기를 바라는 마음이 개입된 것이지 원래는 군인들의 힘찬 발걸음을 의미하는 글자가 무(武)이다.

이름 / 부르다 호(號)는 부르다[号]와 호랑이[虎]의 결합이다. 호(号)에서 입[口]은 소리를 나타내는데, 여기에 호(虎)가 붙어 발음을 보완했다. 호랑이가 사납게 부르짖는 모습을 연상하면 된다.

굳세다 무(武)

우리나라 최초의 군함(軍艦)은 1903년 대한제국이 구입한 증기선 양무호(揚武號)이다. 1883년 개항 이후 조선 정부는 1903년 일본 미쓰이(三井) 상사로부터 군함을 구입하였다. 영국에서 건조된 양무호는 일본 해군이 사용하던 중고 수송선으로, 여기에 대포 4문과 소포 4문을 장착하여 전투용 함선으로 개장한 배였다. 1903년 4월 15일

광제호

인천에 입항한 이 함선은 3,436톤으로 길이는 103.8m, 폭은 1.3m였으며, 승무원 72명이 탑승하였다. 1903년 9월 8일 일본유학을 마치고 귀국한 신순성(愼順晟)이 초대 함장으로 임명되어 선박을 운행하였다. 그러나 배가 너무 낡고 석탄연료의 사용량이 많아, 1905년 일본의 해운회사에 다시 매각하였다. 1904년 서해안 경비함정 광제호가 있었는데, 1905년 을사늑약(乙巳勒約)을 계기로 군함의 기능을 상실하고 세관 감시선으로 기능하였다.

49. 이운사(利運社)

날카롭다 / 이롭다 이(利)는 벼[禾]와 칼[刂]의 결합이다. 농경사회에서 벼에 붙어 있는 낟알을 털어내려고 돌칼[半月形石刀]을 사용했다. 낟알을 털다가 잎사귀나 돌칼에 의해 상처를 입었기에 '날카롭다'였다가, 털어낸 낟알이 쌓임에 따라 '이롭다, 이득을 보다'로 의미가 확장되었다.

옮기다 운(運)은 달리다[辶]와 군사[軍]의 결합이다. 군(軍)은 지붕[冖]과 수레[車]의 결합으로 군인이 타는 수레를 가리킨다. 일반 군인이 수레를 에워싸고 달리기에 '옮기다'의 의미가 생겼다. 혹은 군(軍)의 독음이 운(雲)과 유사한데, 구름이 비가 되고 그것이 구름으로 되돌아가듯 순환하기에 '돌다, 옮기다'의 의미가 생긴 것으로 이해하기도 한다.

모이다 / 땅 귀신 사(社)는 보다[示]와 흙[土]의 결합이다. 흙의 신을 모시는 동일한 집단이 모여 있는 것을 의미한다. 사회(社會), 사직(社稷) 등이 그 예이다.

이롭다 이(利)   옮기다   모이다 / 땅 귀신 사(社)
                운(運)

이운사는 1893년 1월에 연안해운업을 목적으로 설립한 기선(汽船) 회사였다. 회사조직으로 되어 있으나 실제적으로는 조선정부의 사업이었다. 기선은 조선정부의 세곡 운송을 담당하던 창용호(蒼龍號)와 현익호(顯益號), 조주부호(潮州府號)를 포함하여 나머지 1척을 더 구입하여 4척으로 출발하였다. 청일전쟁(1894) 이후, 1895년 2월에 조선정부가 이운사 소속의 기선을 일본우선주식회사에 위탁하고 우리나라 연안에 대한 정기항로를 열기로 계약하여 7월부터 인천을 기점으로 군산 간을 정기운항하게 되었다. 을미사변(乙未事變, 1895)으로 일본우선주식회사와의 계약이 해지된 이후 이운사 소속의 선박 2척은 인천의 세창양행이 관리 및 사용하였다.

해운회사의 광고

50. 어화통(語話筒)

말씀 어(語)는 말[言]과 자신[吾]의 결합이다. 오(吾)는 다섯 오(五)를 위아래로 나란히 겹쳐놓은 것이기에 어(語)는 '말을 질서 있게 나란히 놓다'의 의미이다. 혹은 말[言]과 다섯[五], 입[口]의 결합에서 오(五)는 독음을 위한 것이기에 나머지 말[言]과 입[口]에서 의미를 찾기도 한다. 입[口]을 사용하여 말[言]한다는 것이다.

대롱 통(筒)은 대나무[竹]와 같다[同]의 결합으로, 대나무로 만든 상자를 지칭한다.

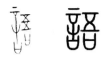

말씀 어(語)

한국에서 전화가 처음 개통된 해는 1898년이다. 1898년 1월 28일 인천항 감리가 전화로 "오후 3시 영국 범선 3척이 입항할 것"이라는 보고를 외아문(外衙門) 쪽에 했다는 기록으로 보아, 각 아문(衙門)과 연락하기 위해 궁내부(宮內部)에 전화를 가설한 상태였다는 것을 짐작할 수 있다.

당시에는 전화를 다리풍(爹釐風), 덕률풍(德律風) 또는 득률풍(得律風), 전어기(傳語機), 어화통(語話筒) 등의 특이한 한문 이름으로 불렀는데 다리풍, 덕률풍, 득률풍은 영어 텔레폰(telephone)의 음역(音譯)이다. 1902년 3월 20일 인천과 서울 사이에 최초로 일반 시외 전화가 가설되는데 이때 가입자가 총 5명이었다. 같은 해 6월, 인천시내에 교환 전화가 가설되고 인천우편국에서 전화 교환 사무를 시작했다.

51. 구도(球都), 야구도시

공 구(球)는 구슬[玉]과 구하다[求]의 결합으로, 구(求)는 독음을 위한 것이다. 구(球)와 관련하여 탁구(卓球), 농구(籠球), 축구(蹴球), 야구(野球) 등이 있다.

도읍 도(都)는 사람 / 놈[者]과 고을[邑]의 결합이다. 자(者)는 삼태기 안에 땔나무를 쌓아놓은 모양이고 읍(邑)은 고을을 둘러싼 담장이다. 나무를 쌓듯이 사람들이 많이 모인 고을이 도(都)이다. 고을 읍(邑)을 지역의 담장[口]과 쭈그리고 앉은 사람[巴]의 결합으로 이해해도 의미에 변화는 없다.

도읍 도(都)

『대한체육사』에 따르면, 1905년 미국인 선교사 질레트(Philip L Gilet)가 황성기독교청년단 회원들에게 타구(打球) 또는 격구(擊球)라는 것을 가르쳤다고 한다. 하지만 인천의 야구 도입이 이보다 앞서 있었다. 1895년 개교하여 1904년까지 있었던 인천영어야학회

(현 인천고등학교의 전신) 1학년에 재학하고 있던 일본인 후지야마 후지후사의 1899년 2월 3일자 일기에 '베이스볼이란 서양 공치기를 했다'는 기록이 있다.

『인천 한 세기』(신태범)에 "야구 이야기만 나오면 어렸을 때 웃터골에서 애를 태워 가며 손에 땀을 쥐고 지켜보던 믿음직한 한용단 선수들의 모습이 아련히 떠오른다"며 "한용단이 나온다는 소문만 돌면 철시를 하다시피 온 시내를 비워놓고 야구의 '야'자도 모르는 사람들까지 열병에 들뜬 것처럼 웃터골로 모였다"고 회상했다. 특히 "어른들은 빈 석유통을 두드려 가면서, 아이들은 째지는 목청으로 마음껏 떠들어댔다"고 했다. 어떤 이들은 지게를 세워놓고 구경하다가 조갯살과 생선을 썩혀버렸을 정도였다고 한다.

한용단 야구단

52. 조탕(潮湯)

조수 / 바닷물 조(潮)는 물[氵]과 나아가다[朝]의 결합이다. 조(朝)의 오른쪽 부분은 달[月]이 아니라 물이 흐르는 모습이기에 조(潮)는 물이 두 번 반복돼 나타난 글자이다. 바닷물이 드나드는 조력(潮力), 조력발전(潮力發電) 등과 관련돼 있다.

끓이다 탕(湯)은 물[氵]과 빛 / 볕[昜]의 결합이다. 볕 양(昜)은 태양빛이 따뜻하다의 양(陽)과 유사하기에 탕(湯)은 '따뜻한 물, 뜨거운 물'이다.

조수
조(潮)　　　　끓이다 탕(湯)

1918년 월미도까지 교통을 편하게 하기 위해 북성 지구(현 대한제분 앞)로부터 약 1㎞에 달하는 2차선 둑길[堤道]를 축조하였다. 둘레 4㎞ 정도의 작은 섬이 널리 알려지게 된 것은 바로 이 둑길이 놓인 후 철도국이 소형 해수 풀(pool)과 해수를 데운 이른바 공동 목욕탕식의 조탕(潮湯)을 만들고 이곳을 임해 유원지로 개발한 후부터였다.

당시 휴양지로 알려진 원산의 송도원, 부산의 해운대를 제치고 월미도는 전국 최고의 명소로 이름을 날렸다. 봄에는 월미도 중턱을 지나는 순환도로에 만발한 벚꽃놀이로 붐볐고 여름에는 해변가 수영장에 헤엄치는 인파로 들끓었다. 벚꽃이 필 무렵이면 철도국에서

월미도 조탕 본관

는 경인철도에 특별 화열차(花列車)를 운행하기도 했다.

53. 등대(燈臺)

등불 등(燈)은 불[火]과 오르다[登]의 결합이다. 독음을 위해 견인된 등(登)은 두 개의 발[癶]과 그릇[豆]의 결합으로 제물(祭物)을 담은 그릇을 들고 산 위의 제단으로 오르고 있는 모습이다.

돈대 대(臺)는 망대의 모습[士]과 망대의 입구[口], 지붕[冖]과 다다르다[至]의 결합이다. 주변보다 높고 평평하여 주변을 관찰할 수 있는 공간을 지칭한다.

오르다 등(登)

돈대
대(臺)

1901년 일본은 개항 당시 우리 정부와 체결한 통상장정(通商章程)에 "조선 정부는 종래의 통상 이후 각항(各港)을 수리하고 등대(燈臺)와 초표(礁標)를 설치한다"는 조항을 근거로 등대 건설을 요구했다. 1902년 인천에 해관등대국(海關燈臺局)을 설치하고, 그해 5월부터 팔미도, 소월

팔미도 등대

미도, 북장자(北長子) 등대와 백암(白岩) 등표(燈標) 건설에 착수해서 1903년 6월에 이를 각각 완공하였다. 팔미도 등대는 해발 71m 섬 꼭대기에 세워진 높이 7.9m, 지름 2m 정도의 원통형의 구조물이다. 건축 재료는 바닷물에 부식되지 않는 콘크리트를 사용하였다. 콘크리트를 이용하여 이렇듯 높은 건물을 쌓아 올린 것은 당시로서는 대단한 일이었다. 비록 일본의 압력과 강요에 의하여 외국인 기술자의 손으로 세워지기는 하였으나 한국인 인부들이 동원되었고 대한제국 이름으로 세워진 첫 번째 등대였다.

54. 작장면[炸醬麵]

튀기다 작(炸)은 불[火]과 쪼개다[乍]의 결합이다. 뒤에 있는 작
(乍)은 독음을 위해 견인되었다.

된장 장(醬)은 장수[將]와 술항아리 / 익다[酉]의 결합이다. 앞에
있는 장(將)은 독음을 위해 견인되었고, 뒤의 유(酉)는 끝이 뽀족하
여 땅에 묻기 쉬운 항아리의 모습이다. 땅에 묻으면 온도가 일정하
게 유지되기에 유(酉)와 관련된 한자는 적당히 발효된 액체와 결부
돼 있다. 예컨대 술 주(酒), 식초 혜(醯), 술 취하다 취(醉) 등이 있다.

된장 장
(醬)

익다 유(酉)

짜장면[炸醬麵]은 인천에서 발생했다. 짜장면은 1883년 개항 이후
'인천 드림(dream)'을 따라 산동 지방에서 건너온 중국인 쿨리[苦力]
들의 간편식(簡便食)으로 추정된다. 이 음식이 처음 공화춘에서 만
들어졌다는 설이 있으나 증명할 수가 없다. 공화춘은 객잔(客棧)이
라고 부르는 여관 비슷한 영업도 함께 했기 때문에 쿨리들이 합숙했
을 가능성과 그에 따라 단체 급식용 짜장면이 만들어졌을 가능성을
전혀 배제할 수는 없으나, 이런 사실을 전하는 풍설(風說)이 하나도
없었던 점으로 미루어 신빙성이 떨어진다. 아마 가난한 노동자들이
간단하게 끼니를 해결하는 과정에서 자연 발생했을 것이다.

짜장면박물관

55. 박물관(博物館)

넓다 / 많다 박(博)은 열[十]과 퍼지다[尃]의 결합이다. 십(十)은
많다는 뜻이고, 부(尃)는 퍼다 / 깔다 / 퍼지다의 뜻이다.

많다 박(博)   물건 물(物)

물건 물(物)은 쇠[牛]와 피 묻은 칼[勿]의 결합이다. 칼을 가지고
소를 잡고 있는 모습이다. 농사를 짓던 시기에 소는 노동력을 대신해

박물관으로 사용되었던 제물포구락부

주는 동물이었다. 우리 뢰(牢)가 지붕[冖]과 소[牛]의 결합이듯, 소의
거처를 집 안에 두었다. 알리다 고(告)도 소[牛]와 입[口]의 결합으로
귀한 동물을 제물로 바치고 제문(祭文)을 읽고 있는 모습이다.

1945년 10월 30일, 인천시립박물관은 세창양행 숙사에서 시작되
었다. 초대 관장 이경성은 개관 전 6개월 동안 유물 수집과 일본인
소유 고미술품을 수습하여 총 364점을 확보하였다. 박물관 건물이
었던 세창양행 숙사가 인천상륙작전 때 함포사격으로 소실되자
1953년 4월 1일 제물포구락부 건물로 이전하여 새로 문을 열었다.
현재 남구 옥련동 525번지 인천상륙작전기념관 부지 내에 자리한
인천시립박물관은 1989년 12월 20일 청사를 완공하여 1990년 5월
4일 이전 및 개관했다.

56. 염전(鹽田)

소금 염(鹽)은 보다[監]와 소금[鹵]의 결합이다. 소금 로(鹵)는 소금 결정체이고, 보다 감(監)은 감독하는 모습이면서 동시에 독음을 위한 것이다. 소금이 국가 전매사업의 대상이었다는 것을 엿볼 수 있는 글자이다.

소금 로(鹵)

근대식 천일염이 등장한 것은 1907년 주안에 1정보가량의 염전을 조성하고부터이다. 천일제염은 논처럼 바닥을 굳힌 평지를 만들어

주안염전 1910년

한쪽 끝에서부터 햇볕으로 농축된 바닷물을 순차적으로 옮겨, 마지막 결정지에서 소금결정을 만드는 방식을 말한다. 그리고 주안염전 등지에서 생산된 소금을 정제하여 하얀 소금

『시대일보』1925.8.18.

으로 만드는 제염공장 역시 1908년 6월 인천에 처음 설립되었다. 인천제염소(仁川製鹽所)는 소금을 처리할 수 있는 솥이 하나밖에 없을 정도로 재제염 생산 상황이 열악하였다. 이후 주안염전에서 소금 생산이 증가하고, 교통의 발달로 제염공장이 1910년에는 5곳으로 늘었다. 주안염전은 3차례에 걸쳐 규모를 확장해서 1932년 총면적 3백 26만 2천 2백 평에 이르게 됐다.

57. 화륜거(火輪車)

바퀴 륜(輪)은 수레[車]와 모으다 / 둥글다[侖]의 결합이다. 원래 윤(侖)은 피리 약(龠)인데 그것의 획수가 축약된 글자이다. 약(龠)은 여러 개의 대나무를 입으로 불 수 있게 묶어놓은 악기이다. 윤(侖)과 결부된 윤리(倫理), 논리(論理)처럼 어떠한 기준이나 질서에 맞게 묶는다는 의미를 지닌다. 바퀴가 모으다[侖]와 관련될 수 있었던 것은 바퀴살이 한데 모여야 둥근 모양의 바퀴를 만들 수 있어 '둥글다'의

의미를 지니게 되었다.

둥글다 윤(侖)

…오전 구시에 쩌나 인천으로 향ᄒᆞᄂᆞᆫ듸 화륜거 구ᄂᆞᆫ 쇼ᄅᆡᄂᆞᆫ 우뢰
갓ᄒᆞ야 텬지가 진동ᄒᆞ고 괴관거에 굴독연괴ᄂᆞᆫ 반공에 쇼ᄉᆞ오르더라…

이 글은『독립신문』1899년 9월 19일자 「경인철도 개업식」 기사
의 일부다. 경인철도는 1897년 3월 기공되어 1899년 9월 18일 오전
9시에 개통된 한국 최초의 철도이다. 철도는 인천역(당시에는 제물
포역)에서 노량진까지 33㎞(80리, 1시간 40분 소요)에 걸쳐 건설됐
는데 당시에 인천~서울까지 도보로 12시간, 인천~마포까지 수로
(水路)로 8시간 소요되던 것을 1시간대로 단축시켰다.

개통 당시의 화륜거(火輪車)

○ 철도 긔연 례식 경인 철도 회샤에셔 어
젓긔 긔엽 례식을 거힝 ᄒ는ᄃ 인쳔셔
화륜거가 ᄯ나 슘긔 건너 영등포도 와
셔 경셩에 니외국 빈킥들을 슈례에 영
졉ᄒ여 안쳐교 오젼 九시에 ᄯ나 인쳔
으로 향ᄒ눈ᄃ 화륜거 구눈 쇼리눈 우
뢰 갓ᄒ야 텬디가 진동ᄒ고 긔판거에
굴독 연긔눈 반공에 ᄭᅩ스 오르더라
슈례를 각기 방 호간식 되게 문드러여
러 슈례을 철구로 련ᄒ야 슈미 샹졉
ᄒ게 이엇눈ᄃ 슈례 속ᄋᆞᆫ 샹ᄒᆞ 三등
으로 슈쟝ᄒᆞ야 그 안에 비포ᄒ 것과
고 밧과 치쟝 ᄒᆞᆫ것은 이로 다 형언ᄒᆞᆯ
슈 업더라

『독립신문』 1899.9.19.

58. 화교(華僑)

빛나다 / 꽃 화(華)에서 윗부분은 풀[艹]이고 아랫부분은 나무에
꽃과 열매가 풍성하게 달린 모양이다. 고대 중국인들이 자신을 지칭
할 때 사용한 글자이다.

타향살이 교(僑)는 사람[亻]과 높다 / 나그네[喬]의 결합이다. 교
(喬)는 독음과 의미에 관여하고 있다.

華 喬

꽃
화(華)

나그네
교(喬)

　화교가 인천 지역에 들어오게 된 계기는 임오군란(壬午軍亂, 1882)이다. 이 사건을 계기로 청나라는 육군과 해군을 조선에 진주 시켰다. 이후 조선에는 2,000명 정도의 청나라 군대가 주둔하였고 <조청상민수륙무역장정(朝淸商民水陸貿易章程)>에 의거, 청나라는 상인의 통상 특권을 규정하여 조선에서 경제력을 확장해 나갔다. 이에 따라 많은 청나라 상인들이 인천에 상주하며 인천지역의 경제권을 장악하게 되었다. 그러나 청일전쟁(1894)에서 청나라가 일본에게 패한 후, 침체기에 빠졌던 화교사회는 1920년대 산동반도의 대홍수로 인해 삶의 터전을 잃은 농부들이 인천지역으로 대거 유입, 채소 농사를 독점하면서 활기를 되찾았다.

번화한 청국조계

59. 균평사(均平社)

고르다 균(均)은 흙[土]과 고르게 나누다[勻]의 결합이다. 균(勻)은 팔 안에 있는 작은 물건을 둘로 고르게 나눈 모습이다. 균(均)은 흙[土]이 결합했기에 땅을 공평하게 나누어 가진 것을 의미한다.

공평하다 / 평평하다 평(平)은 사냥막대기 / 방패[干]와 양쪽의 균형[丷]의 결합이다. 방패 간(干)은 동물을 움직이지 못하게 하는 Y 형태의 도구이다. 동물을 제대로 찍어 눌러야 사냥꾼도 보호받을 수 있기에 방패 / 방어하다[干]의 의미가 생겼다. 그런데 Y 형태의 도구에서 윗부분의 양쪽 길이가 동일해야 사냥에 성공할 수 있었기에 공평하다의 의미로 확장되었다. 혹은 평(平)을 옆으로 누이면 눈금이 있는 막대기 저울을 축약한 모습이기도 하다.

고르다 균(均)   평평하다 평(平)

외국 상인들은 상사(商社)를 세워 무역거래에 익숙지 못한 조선 상인들을 대상으로 많은 이익을 남겼다. 조선 상인들이 객주회(客主會)를 조직했으나 자본력이 취약해 외국상사에 온전히 대항할 수 없었다. 이에 인천의 객주들이 균평회사(均平會社)를 설립했고, 정부도 1890년 2월 <균평사장정(均平社章程)>이라는 규약을 통해 균평사를 지원하였다. 균평사는 인천에 본사를 두고 부산, 원산에 각각 지사를 설치하여 도량형(度量衡)을 통일하고 상거래 질서를 바로 잡는 역할을 하였다. 그러나 균평사는 외국 상인들의 반발로 수개월 동안만 운영되고 폐지되었다.

『매일신보』 1911.2.21. 도량형의 통일

60. 갑문(閘門)

물문 갑(閘)은 문[門]과 갑옷[甲]의 결합이다. 문(門)은 두 짝이 문을 이루고 있고 갑(甲)은 물고기 비늘처럼 조각을 이어붙인 갑옷의 모습이다. 물의 흐름을 조절하는 기능을 하려면 튼튼해야 하기에 갑문(閘門)이라 칭했다.

문 문(門)은 문의 모양이다. 두 짝 중에 한 짝의 문은 호(戶)라 지칭한다. 문(門)에 달빛[月]이 스며들면 틈 한(閒)인데 나중에 사이 간(間)으로 바뀌었다. 문(門)에 귀를 대고 엿듣고 있는 모습은 듣다 문(聞)이고, 빗장[一]을 양 손[廾]으로 들고 문을 여는 모습은 열다 개(開)이다.

갑옷 갑(甲)

1883년 개항 이후, 인천은 화물선이 접안할 수 있는 항만 시설이 필요했다. 그러나 인천항은 조수간만의 차가 최고 10m에 달해 항만으로서는 부적합했다. 일본은 1906년부터 근대적인 항만

『매일신보』 1918.10.27.

공사 계획을 진행하다가, 1911년 6월 갑문시설 공사를 시작하여 1918년 10월에 완공했다. 갑문을 이중으로 만들었기 때문에 조수간만의 차이와 상관없이 선박 출입이 가능해졌다. 이 공사에는 인천감리서 감옥에 갇혀 있던 많은 죄수들이 강제로 동원되었다. 당시 이곳에 수감되어 있던 백범 김구 선생도 이 공사에 동원되었다.

갑문 입출항 광경

61. 경제화(經濟靴)

신발 화(靴)는 가죽[革]과 되다[化]의 결합이다. 가죽 혁(革)은 가
죽을 건조하고 있는 모습으로 윗부분은 짐승의 머리이고 중간부분
은 몸통, 아랫부분은 꼬리이다. 짐승의 가죽을 벗겨 다른 용도로 바
꾸기에 '완전히 바꾸다'의 의미가 생겼다. 혁신(革新), 혁명(革命) 등
이 그것이다.

가죽 혁(革)

1911년 중구 경동에서 구두와 한국 신발의 모형을 절충하여, 요즈
음의 남자 고무신과 비슷한 모양의 신발이 등장했는데 이것을 '경제
화'라 불렀다. 당시 구두 가격이 쌀 2~3가마와 비슷했기에 삼성태의
주인 이성원(李盛園)이 신발바닥 쪽은 가죽, 등 쪽은 우단이나 천막
천을 댄 오늘날의 남자 고무신 형태의 경제화를 개발하였다. 버선발
에도 잘 어울리고 신고 벗는 데도 편리한 실용적인 신발이었다.

『동아일보』1923.12.1.

62. 병원(病院)과 의사(醫師)

질병 병(病)은 병들다[疒]와 눕대[丙]의 결합이다. 질병 병(病)은 아픈 사람이 침대에 누워서 땀을 흘리고 있는 모습이다. 병들다 역(疒)과 결부된 글자는 모두 질병을 나타낸다. 역질(疫疾), 학질(瘧疾) 등이 있다.

집 원(院)은 언덕[阜]과 둥글다[完]의 결합이다.

의원 의(醫)는 상자[匸]와 화살[矢], 몽둥이[殳]와 술항아리[酉]의 결합이다. 상자[匸]와 화살[矢]이 결합된 의(医)는 몸에서 뽑아낸 화살촉을 상자에 담아둔 것이거나 상자 안에 있던 외과수술용 칼을 가리킨다. 수술하는 과정을 몽둥이[殳]로, 상처의 소독이나 마취를 술항아리[酉]로 나타내고 있다.

病　醫

質병 병(病)　　의원 의(醫)

1890년 10월 10일 성공회에서 개원한 성 누가병원은 인천 최초의 현대식 병원이다. 이 병원 있던 랜디스 박사는 1865년 12월 18일 미국 펜실베이니아 주에서 태어나 1888년 의학박사 학위를 받고 랭카스터 병원에서 근무하다가 성공회 코프 주교와의 만남을 계기로 1890년 9월 29일 인천에 자리를 잡았다. 그는 곧 성공회 밑에 공간을 마련해 약국과 진찰실로 사용하면서 주변 사람들에게 의술을 펼쳤다. 랜디스 박사의 통계에 따르면 1892년 3천 594명의 환자를 진료했고, 1894년에는 4천 464명의 신규 외래 환자와 방문 치료를 했다고 한다. 1898년 4월 16일, 랜디스 박사가 장티푸스로 32세의 나이로 세상을 떠나자 각국 공사 및 영사에서 조기(弔旗)를 게양했다고 한다. 그는 연수구 청학동 외국인 묘지에 묻혀 있다.

성 누가병원

63. 위생부인(衛生婦人)과 세발(洗髮)

막다 위(衛)는 천천히 걷다[彳]와 에워싸다[韋]의 결합이다. 위(韋)의 가운데 부분에 있는 구(口)는 특정 지역이고, 그것이 위아래에 의해 에워싸인 모습이다.

아녀자 부(婦)는 여자[女]와 빗자루 / 쓸대[帚]의 결합이다. 쓸고 닦아 아름답게 꾸미고 있는 신부의 모습이다. 또는 빗자루를 청소와 무관하게 해석하기도 한다. 갑골문에서 빗자루 추(帚)는 왕비의 이름 앞에 붙는 글자라 한다. 높은 신분의 여성이 빗자루 모양의 액세서리(Accessory)를 지녔는데, 그것이 평범한 여성에게 확대되어 빗자루[쓸대]로 정착한 것이다.

에워싸다 위(韋)   쓸다 추(帚)

이발점(理髮店, 이발소)에 대한 광고가 『만세보』 1907년 3월 21일자에 있다. 인천 조계에 위치하고 있던 종리이발점(宗里理髮店)은 '맛사－지 法구리무'라는 '美顔術' 뿐 아니라 '衛生婦人이 洗髮'을 해주던 곳이었다. 물론 화

『동아일보』 1924.2.2.

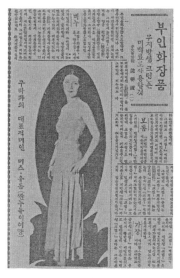

장품은 '米國에서 輸入흔것'이기에 '毛髮의 光라을 生'한다며 보충설명을 하고 있다. 이 당시에 이발사는 전문직이었기에 '理髮師試驗制'를 통과해야 자격을 주었다. 그래서 제물포 청년회에서 '아직 理髮試驗에 入格되지 못한 當업자들을 모아 강습하기로 한(『동아일보』 1924.2.19.)' 경우를 통해서 익히 짐작할 수 있다.

『매일신보』 1931.3.3. 인천 최초의 미용사 심명숙

64. 웃터골과 분지(盆地)

동이 분(盆)은 나누다 / 크다[分]와 그릇[皿]의 결합이다.

땅 지(地)는 흙[土]과 여성 성기[也]의 결합이다. 지(地)의 의미는 하늘 천(天)과 대비해 이해할 수 있다. 천(天)이 하나[一]와 사람[大]의 결합으로 사람의 머리 위에 있는 것[一]을 가리키는 반면, 지(地)는 가장 아래 있으며 생산이 가능한 것을 의미한다.

웃터골의 분지(盆地)는 인천 최초의 공설운동장이었다. 웃터골이란 이름은 자유공원에서 기상대로 돌아가는 응봉산 분지를 옛 인천 시민들이 그렇게 부른 데서 유래한다. 이곳은 삼태기 모양의 넓은 분지가 펼쳐져 있어 자연

땅 지(地)

적으로 형성된 천혜(天惠)의 체육시설이었다. 넓은 분지는 운동장이 되었고, 완만하게 경사진 삼면의 기슭은 스탠드 구실을 하였다. 편의 시설은 수도꼭지 서너 개와 변소만 있었을 뿐 여타의 시설은 갖추고 있지 않았다.

웃터골운동장의 등장은 3·1운동 이후 일본이 소위 문화정치를 표방하면서 신문발행과 사회단체조직 설립 등 일련의 유화정책에 따른 것이었다. 1920년 11월 1일에 일제에 의해 기부금 5,250원의 예산으로 7,798㎡(2,363평)의 터에 준공된 웃터골 운동장은 1934년까지 15년 동안 인천의 공설운동장이었다. 각 학교의 운동회가 계속돼서 시민들에게 볼거리를 제공했으며 인천 대표팀과 일본 수병, 미국상선 선원과의 야구경기, 상해 유학생과의 축구경기가 열리기도 했다. 특히, 인천의 기차통학생들이 주축이 된 한용단(漢勇團) 야구팀의 웃터골 운동장에서의 활약은 유명했다. 한용단과 미두취인소 소속 미신(米信) 팀의 라이벌 야구경기가 열리는 날이면 이 일대는 구경꾼

웃터골 운동장

이 구름처럼 몰려들었다. 『인천석금(仁川昔今)』의 저자 고일(高逸)은 "인천 청년 운동의 발원지는 웃터골이다. 인천 시민에게 민족혼의 씨를 뿌렸고 민주주의의 묘목을 심었으며, 인천의 애국 투사들이 육성된 곳이 바로 웃터골이다"라고 기록하고 있다.

65. 친목회(親睦會), 한용단

친하다 친(親)은 맵대[辛]와 보대[見]의 결합이다. 신(辛)은 독음을 위한 것이고 견(見)은 무릎을 꿇고 앉아 자상하게 바라보고 있는 모습이다.

눈이 순하다 / 화목하다 목(睦)은 눈[目]과 평평한 땅[坴]의 결합이다. 눈에 증오심 없이 순하게 바라보는 것을 의미한다.

친하다 친(親)

한용단은 1910년대 후반에 결성된 '경인기차통학생친목회'를 기반으로 설립된 청년 친목단체이다. 『매일신보』(1919.11.13.)는 "인천의 청년들이 모여 심신을 단련하기 위하여 야구와 축구를 시작하였다"고 한용단의 출발을 알렸다. 친목회 회원이었던 고일(高逸)이 "한용단의 어머니격인 친목회는 인천의 문학청년을 아들로 탄생했으니 운동 경기를 외피(外皮)로 한 그 핵심은 민족 해방정신을 내포한 문 학운동으로 전개했었다"고 회고하기도 했다.

『동아일보』 1920.6.13.

한용단은 야구와 밀접한 관련이 있다. 1922년 5월 제1회 전인천 야구 결승이 '웃터골'에서 열렸는데, 조선 3팀과 일본 7팀이 참가한 대회에서 결승전에 오른 팀은 조선의 한용단과 일본의 동지군(同志軍)이었다. 한용단이 동지군을 6 : 5로 이기고 있는 상태에서 9회말 수비를 하고 있었다. 그런데 투아웃 주자 3루 상황에서 심판의 편파판정으로 6 : 6 동점이 되자 수천의 관중이 밤늦도록 항의했다고 한다.

66. 보육원(保育院)

돕다 / 기르다 보(保)는 아이를 등에 업고 있는 모습이다.

기르다 육(育)은 거꾸로 된 아들[ㄊ]과 신체[肉]의 결합이다. 여자의 몸 아랫부분에서 아이가 머리부터 나오고 있는 모습이다. 출산의 단계이기에 '낳다'의 의미에서 '기르다'로 확장되었다.

기르다 보(保)　　　기르다
　　　　　　　　　 육(育)

　해성(海星) 보육원은 프랑스에서 시작된 '센뽈수도회'에서 한국의
선교사로 파견된 3명의 수녀(修女)로부터 시작되었다. 1894년 여름,
제물포 수녀원에서 인근에 있던 사람들이 피부병 치료를 받았다. 경
우에 따라 수녀들이 가정집을 방문하여 환자를 치료하기도 했다. 그
해 가을 4살과 12살의 여자아이, 다음해 4월 2살의 남자아이가 수녀
원으로 들어오자 천주교회 인천본당(현재 답동성당)에 해성보육원을
설립했다. 1975년 용현동으로 옮겨와 지금까지 이어지고 있다.

해성보육원

67. 유곽(遊廓)

놀다 유(遊)는 천천히 가다[辶]와 깃발 나부끼다[斿]의 결합이다. 깃발 휘날리며 사냥터를 천천히 가는 것에서 '노닐다, 놀다'의 의미로 확장되었다. 유(斿)에서 방(方)은 깃대이고 자(子)는 성인이 되기 전의 청소년이다.

둘레 / 울타리 곽(廓)은 집[广]과 성곽[郭]의 결합이다.

깃발 나부끼다 유(斿)   성곽
                            곽(郭)

1876년 부산, 1879년 원산, 1883년 인천의 개항은 전통적인 기생

부도 유곽

제도를 기형적으로 만드는 계기가 되었다. 부산의 경우, 1902년 일본인 거류지에 산재한 이른바 '특별요리점'을 한곳에 묶어 유곽(遊廓)을 만들었다. 그해 12월 인천, 1903년에 원산, 1904년에 서울에 유곽이 생겼다.

일본인에게 인천을 알리는 책자(『신찬 인천사정』, 1898)에 등장하는 인천팔경 중에 '華開洞の夜色(화개동의 야색)'이 있는데, 여기서 화개동은 敷島町(현재의 신선동)과 花町(현재의 신흥동)이 통합되기 전의 동명(洞名)으로 유곽이 번성했던 공간이었다. 흔히 '화개동 갈보'라는 말이 신소설 『해안』(최찬식, 1914)에 등장하는 것을 보더라도 화개동은 야색을 연상케 하는 동네이다. 이후 화개동 유곽은 부도유곽으로 통합되었다.

부도루(敷島樓)

68. 예기(藝妓)

심다 / 예 예(藝)는 풀[艹]과 잡다[執], 구름[雲]의 결합이다. 구름 운(雲)은 예(藝)의 초성을 발음하기 위한 것이기에, 풀[艹]과 잡다[執]를 통해 숙련된 농사꾼의 모습을 연상할 수 있다. 실제로 예(藝)의 원래 글자는 심다 예(蓺)인데 무릎을 꿇고 앉아 식물을 가꾸고 있는 모습이다.

기생 기(妓)는 여자[女]와 나뭇가지[支]의 결합이다. 지(支)는 독음을 위해 견인되었다.

심다 / 예 예(藝)

전통시기의 기생은 각 고을의 관비(官婢) 중에서 가무(歌舞)에 능한 자를 선발하여 여악(女樂)에 맞게 교육시킨 자이다. 그들은 궁(宮)이나 관(官)의 연회에 참석하여 예(藝)와 기(技)를 구사해야 하기에 엄격한 교육과 시험을 통과해야 했다.

이능화의 『조선해어화사(朝鮮解語花史)』에 따르면 구한국(舊韓國) 시대에 기생을 삼패(三牌)로 나누었는데 일패는 전통시기의 기생의 역할을 했던 자들이고, 이패는 은근히 몸을 팔고 첩 노릇을 했기에 은군자(隱君子)라 했고, 삼패는 매춘을 목적으로 하는 탑앙모리(搭仰謀利)였다고 한다. 일패는 교육을 받은 대로 가곡, 가사, 서예, 정재무 외에는 절대 하지 않았고, 삼패는 접객할 때 잡가만을 부를 수 있었다고 한다. 일패기생은 삼패기생이 있는 공간에 동석하지 않을 정도로 그들을 꺼려했고 그들이 구사하는 잡가나 창극조 같은 것은 절대금물(絶對禁物)의 레퍼토리로 여겼다. 이것을 일패기생의 조(操)라고 칭하였다.

하지만 1908년 기생단속령과 창기단속령에 의해 일패기생, 이른바 예기(藝妓)는 창기(娼妓)와 통용되어 기생조합에 가입해야 했다. 기생조합이 일본식 명칭을 '권번(券番)'이라 하는데, 당시의 기생은 총독부의 허가를 받아야 했기에 모든 기생들은 권번에 기적(妓籍)을 두

용동권번 기생들

어야만 활동할 수 있었다. 권번은 기생들이 손님에게 받은 화대(花代)를 관리했고, 기생들의 세금을 정부에 바치는 중간 역할까지 맡았다.

인천의 경우, 인천용동기생조합소라는 명칭으로 등장(『매일신보』 1912.6.28.)하고 용동권번의 낙성식 축하연을 알리는 기사(『시대일보』 1925.11.18.), 권번의 기생들이 수재의연금을 전달했다는 기사(『시대일보』 1925.7.24.), 용동의 기생들이 물산장려운동에 참여했다는 기사(『조선일보』 1923.2.14.) 등을 발견할 수 있다.

일본교토의 <하나마찌(花街) 조직 구조도>를 권번 시스템에 맞게 구성하면 다음과 같다.

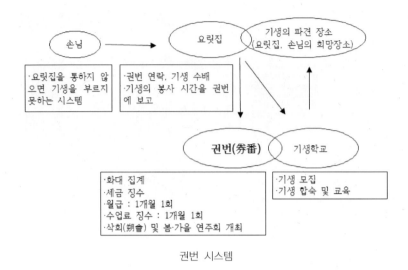

권번 시스템

69. 어물전(魚物廛), 생선전(生鮮廛)

물고기 어(魚)는 물고기의 모습을 그린 글자이다.

신선하다 / 드물다 / 곱다 선(鮮)은 물고기[魚]와 양[羊]의 결합이다. 선(鮮)에서 양(羊)은 양고기처럼 맛있다는 것을 가리키기에, 선(鮮)은 '맛있는 물고기'라는 의미이다. 생선(生鮮)은 신선하거나 살아있어야 맛있는 것이다.

가게 전(廛)은 집[广]과 마을[里]의 결합이다.

물고기 어(魚)

어물전(魚物廛)

『향토지』에는 인천의 어물시장의 등장을 알리는 기록이 있다. 1895경부터 정모라는 사람이 근해 어업자의 어획물을 대부분 구입해 이것을 현 시장(신포시장) 또는 상점 일대의 행인 또는 행상인에게 판매해 왔다. 그리고 1902년 현 시장의 장소에 어시장을 개설했다. 1905년 어시장 건너편에 일본인이 이것에 대응하는 어시장을 개설해, 서로 경쟁하는 관계에 있었다. 1927년 7월 시장 규정에 의거, 수요자의 편의를 위해 가격을 통일하고 위생시설을 설치하는 등 부영(府營) 공설시장의 면모를 갖추게 되었다.

70. 창고업(倉庫業)

창고 창(倉)에서 윗부분은 지붕, 가운데는 외문짝[戶], 아랫부분은 기초석[石]이다.

곳집 / 창고 고(庫)는 집[广]과 수레[車]의 결합으로, 말이나 수레를 보관하던 곳이었다가 금고(金庫)처럼 소중한 것을 보관하는 장소로 확장되었다.

일 / 업 업(業)은 홈이 파인 널빤지[丵]와 나무[木]의 결합이다. 쇠못이 등장하기 이전, 나무를 이어붙일 때 양쪽을 요철(凹凸) 모양으로 홈을 파서 연결시켰는데 그것이 홈 파인 널빤지[丵]이다. 나무와 나무를 연결하는 정교한 기술이기에 직업(職業), 산업(産業), 학업(學業) 등으로 확장되었다.

창고 창(倉)   일 업(業)

1905년 한성공동창고주식회사 인천출장소가 설치됐는데 이것이 인천 창고 영업의 출발이다. 1918년 10월 갑문과 독(Dock)이 완성되어 출입선박이 증가함에 따라 창고 영업도 활황을 이루었다. 예컨대 1919년 자본금 5천만 원으로 창업한 인천창고주식회사는 개업한 지 2개월 만에 창업비용을 모두 상환했을 정도였다. 현재 인천 구도심 재생사업의 일환으로 중구 해안동의 개항기 근대 창고 건물 등이

리모델링되어 복합문화예술
공간으로 자리 잡았다.

창고 건물들

71. 전화 교환수(交換手)

사귀다 / 교차하다 교(交)
는 두 발을 교차하여 꺾은 모습이다. '오고가다, 벗을 사귀다'의 의
미로 확장되었다.

바꾸다 환(換)은 손[扌]과 빛나다[奐]의 결합이다. 환(奐)은 아궁이
[大]와 불[火]의 결합으로 독음을 위해 견인되었다.

교차하다 교(交)

『매일신보』 1921년 12월 10일자에는 전화교환수에 대한 기사가
있다. 인천우체국에서 전화 교환수가 부족하여 시험을 통해 교환수
를 채용했는데, 그중에 영화학교를 졸업한 유성애(劉聖愛) 양이 있
었다는 것이다. 언어가 명료하고 성적도 뛰어난 그녀가 업무에 잘
적응하는 경우 앞으로 여자교환수를 늘릴 방침이라고 한다.

여자 전화교환수가 등장한 것은 1920년 경성우편국에서 일본어가
가능한 보통학교 졸업 조선여성을 채용하면서부터였다. 전화교환수
의 응시요건은 목소리가 명랑하고 듣기 좋아야 했으며, 키는 143㎝

정도를 요구하였다. 그리고 시험과목은 국어, 산술, 작문, 적성검사였다. 전화교환수의 대체적인 나이는 15~18세 사이였는데, 가장 바쁜 시간은 오전 11시~오후 2시까지였으며, 임금은 5~6년 근무해야 40원 정도를 받을 수 있었다. 근무시간은 오전 9시 30분~오후 4시 30분까지였으며 3일마다 야근하고 다음 날 쉴 수 있었다.

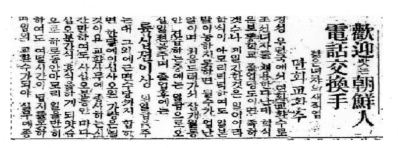

『동아일보』 1920.4.12.

72. 목욕탕(沐浴湯)

물로 씻다 욕(浴)은 물[氵]과 골짜기[谷]의 결합이다. 곡(谷)은 입[口]과 입천장 무늬[八]의 결합으로, 입을 크게 벌렸을 때의 입천장에 있는 굴곡 모양이다. 또는 산의 양쪽 능선이 계곡의 입구로 모여든 모습을 가리킨다고 한다.

씻다 욕(浴)   골짜기 곡(谷)

부영 목욕탕

　부영(府營) 목욕탕은 평양부에만 있었는데, 1933년에 인천에도 부영 목욕탕이 생겼다. 이후 부내에 있는 목욕탕의 수는 일본인측 12개, 조선인측 5개, 중국인측 1개로 합계 18개였는데, 부에서 운영하는 만큼 입욕료는 일반 목욕탕보다도 훨씬 싸게 2전을 기준으로 했다. 『매일신보』 1923년 11월 11일자는 "인천 외리(현 경동) 188번지에 신축 중이던 목욕탕 서탕(曙湯)은 공사 드디어 준공되고 제반 설비도 다 마치었으므로 작 8일부터 개업하고 자축하기 위하여 개업 당일은 무료로 입욕케 하였는데……"라는 기사가 있다.

73. 제빙(製氷)

옷 만들다 / 만들다 제(製)는 제어하다 / 자르다[制]와 옷[衣]의 결합이다. 제(制)는 '소의 고기를 칼로 발라내다'이거나 '나무를 칼로 베고 다듬다'는 뜻이다.

얼음 빙(氷)은 얼음을 의미하는 점[丶]과 물[水]의 결합이다. 얼음 빙(仌, 冰) 글자도 표면이 약간 돌출하여 얼은 상태를 가리킨다.

1931년 여름, 북성동 매립지에 있는 임겸상점(林兼商店)에서 하루 15톤의 어시장용 얼음을 제빙했다. 인천에서 제빙이 가능함에 따라 일반인들도 계절과 관계없이 얼음을 쉽게 접할 수 있었다. 1933년의 『인천부사』에 따르면, 신선한 고기를 위해 2,000톤을 공급함과 함께 1,000톤은 시중에서 음료용으로 저렴하게 팔았

얼음
빙(仌)　　　얼음 빙(冰)

다고 한다. 「무더운 일기에 싸라 얼음이 날개도처」(『매일신보』 1937.6.26.), 이때 인천에서 하루에 쓴 얼음이 20톤이었는데 이것이 신기록에 해당했다. 그리고 인천어획량 증가로 얼음이 부족하다는 기사도 있다(『매일신보』 1937.7.8.). 물론 1937년 7월 1일 인천 제빙공장 증설계획도 발견할 수 있다. 결국 얼음이 일반용이건 산업용이건 그 쓰임이 다양했다.

『매일신보』 1937.7.8.

74. 양조(釀造)

술 빚다 양(釀)은 술항아리[酉]와 치우다 / 돕다[襄]의 결합이다. 양(襄)은 겉흙을 걷은 후 축축한 흙을 만지작거리고 있는 모습이다. 씨앗을 뿌리는 파종(播種)의 모습을 연상하면 된다. 양(襄)이 독음을 위해 견인됐지만 술 빚는 과정에서 누룩, 고두밥 등을 관리해야 하는 손을 생각하면 독음 이외에 의미도 고려된 것 같다.

치우다 / 돕다 앙(襄)

우리나라에서 최초로 소주를 대량으로 생산한 회사는 조일양조이다. 1919년 10월 12일, 선화동 8-2번지에 조일양조장이 들어섰다. 조일양조는 저렴한 가격으로 인기를 끌었고, 시음행사 등 적극적인 판촉활동을 통해 성장을 거듭하였다. 1931년에는 기존 제조에 사용하던 수돗물을 지하수로 바꾸기 위해 대형 우물을 만든 후 인근 지역 우물이 모두 말라 주민들이 항의하는 소동이 일어나기도 했다. 소주는 '금강표' 청주는 '금강학'이었는데, 1939년 이후에는 만주지역 시장에도 진출하여 만주와 사할린 등지에서도 각광을 받았다.

금강학 술통

『동아일보』 1925.4.20.

75. 유리 창문(窓門)

　창 창(窓)은 지붕[宀]과 사사롭다[厶], 마음[心]의
결합이다. 원래는 지붕 아래의 대나무로 엮은 창문
[囪]의 모습이었다가 현재 모양의 창(窓)으로 바뀌
었다.

창 창(窓)

한국유리

1905년 3월 송월동에 소규모의 유리공장이 인천 최초로 들어섰다. 이후 1928년 4월 만석동에 인천유리제조소가 개업하여 약병·과자병·어항 등의 각종 소규모의 유리 제품을 제작하여 시내는 물론 충청도와 중국 쪽으로 수출까지 했다. 유리의 원료는 규사(硅砂, silica)인데 이는 황해도 연안에 풍부하게 분포돼 있었다.

한국 최초의 판유리 공장도 인천에 설립됐다. 판유리는 주형과 압연으로 일정한 형상을 만든 후, 표면을 연

『동아일보』 1928.4.12.

琉璃로지은
◇日光室港成

작년겹이월부터공사중이든조선홍행칙「친룸」(류리로지은일광실)은 지난구월어준공되어십월부터월반손녀으로하야금사용케된바동류리제일광실(新子짯다光室)외에「째란다」다는바 평수는 일광실이 오십이평四「쩨란다」가오십유정이요총공비 든이만원삼백원이러라.

마해 만든 널빤지 형상의 유리를 지칭한다.

76. 상수도 급수(給水)

주다 급(給)은 실[糸]과 합하다[合]의 결합이다. '실을 뽑다가 재빨리
이어주다 / 합치다'의 의미에서 '공급하다, 넉넉하다'로 확장되었다.
　물 수(水)는 시냇물이 흐르고 있는 모양이다. 또는 떨어지는 물방
울[氵]의 형상이다.

주다
급(給)　　　　　　　물 수(水)

러일전쟁(1904) 이후 인천의 일본 거류민단은 식수 문제를 해결
하기 위해 상수도 시설에 관심을 돌렸다. 1905년 경인수도 설계를
완성하고 1906년 11월 공사에 착수하였다. 1908년 송현배수지 시설
을 준공한 후, 1910년 한강 연안 노량진에 있었던 수원지 정수시설
을 완성하였다. 그해 12월 1일부터 노량진에서 송현배수지로 급수
를 시작하였다. 송현배수지 제수변실(松現配水池制水弁室)은 인천
최초의 상수도시설이자 도시계획시설이었다. 참고로, 서울 영등포
지역의 급수는 1914년 12월 24일에 되었다.

77. 양계(養鷄)

배수지제수변실(配水池制水弁室)

기르다 앙(養)은 양(羊)과 아버지[父], 착하다[良]의 결합이다. 아버지[지도자]가 작대기를 들고 양을 사육하는 모습이다. 양(良)은 독음을 위해 견인되었다. 또는 먹다[食]와 양(羊)의 결합으로, '양을 먹여 기르다'로 이해하지만 갑골문에 따르면 전자의 해석이 타당하다.

닭 계(鷄)는 묶다[奚]와 새[鳥]의 결합이다. 묶다 계[奚]가 포로를 묶어서 끌고 가는 모습이기에 닭이 사육된 짐승이란 것을 알 수 있다.

기르다 앙(養)   닭 계(鷄)

인천공립보통학교(창영학교의 전신) 학생들이 학교에 계사(鷄舍, 닭장)를 설치하고 닭을 기르기 시작했다. 첫째는 양계와 관련한 지식을 습득하게 하기 위한 것이고 둘째는 각 가정에서도 양계에 취미를 갖도록 하기 위해서였다. '고징'과 '레구혼'이라는 품종을 양계협

學校養鷄의 嚆矢

仁川公立普通學校에서 本年度브터
學校內 에 養鷄를 爲하야 도 生徒로하야곰
此의 飼養管理를 爲하게 하야 自然的生徒
로養鷄를 興케하고 智識을 與하야方法을練智
케하며 從來 各自 家庭各自 養鷄의趣
味를 鼓吹홀計画을 一回에 飼養홀種
雞를朝鮮養鷄協會에 寄附하기로하야
안이 하고 또 內田理事의 趣旨에贊同
호야 會員內의 飼養者에게各種計圖호
바이有호얏스나 是赤進捗치못홈으로
便宜上 內由養鷄部에서 在來「고ᅳ장
白色「려구ᅥ혼」一雙을 同校에 寄附홍指
定으로 此協會에 寄附하야 協會는
를受호고 同校內로 寄附하앗는디同校
에過日 本同校 敎師로 三四年生徒約百
名을引率호고 內自養鷄舍에 中이
며 去十四日에 完成호얏슴으로 同校特
別飼養舍의 設備를 縱覧홍 用途
及特長으로부터 鮮土適否의 如何等을
說明을 爲호고 고終호야 多數의 養鷄
二組을 內田氏로브터 佐々木敎師에提
供호고 其後歸校호야直히 同校內新設
호 鷄舍에 收容호얏는디此는思홍건되
學校養鷄의 嚆矢가 된다 더라

『매일신보』 1913.5.25.

회로부터 한 쌍씩 기증받아 양계를 시작했다. 양계를 위해 계사(鷄舍)를 완성했는데 이것이 보통학교에서의 인천 최초 사례이다.

78. 세탁(洗濯) 비누

씻다 세(洗)는 물[氵]과 앞서 걷다[先]의 결합으로, 먼저 발[足]을 물에 씻는다는 의미이다.

씻다 탁(濯)은 물[氵]과 두드리다[翟]의 결합으로, 새가 물에 들어가 날개를 털어내는 모습이다.

씻다 세(洗)   씻다 탁(濯)

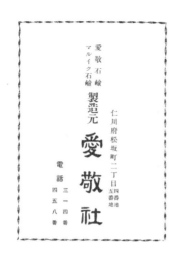

1912년 10월 비누 생산 설비를 갖춘 애경사(愛敬社)가 송월동에 들어섰다. 화장비누에 미용애경, 미쓰미ミッ美, 愛敬浴用 등이 있고 세탁비누에 나비표(蝶印), 매표(鷹印) 등이 있었다. 주요원료는 야자유, 우지, 경화대두유, 경화유[어유], 면실유, 소나무수지, 가성소다, 들깨기름이었다. 목욕(沐浴) 및 세탁(洗濯)에 비누를 이용하기 시작했다.

79. 광견병(狂犬病), 경찰서(警察署)

미치다 광(狂)은 개[犬]와 먼저 뛰어가다[往]의 결합이다.

개 견(犬)은 귀가 쫑긋한 개의 모습이다.

질병 병(病)은 병들다[疒]와 눕다[丙]의 결합이다. 질병 병(病)은 아픈 사람이 침대에 누워서 땀을 흘리고 있는 모습이다.

살피다 찰(察)은 지붕[宀]과 제사 지내다[祭]의 결합이다. 건물 안에 차려 놓은 제사상을 살펴본다는 의미이다.

미치다 광(狂)　　　　개 견(犬)　　　　살피다
　　　　　　　　　　　　　　　　　　　　찰(察)

　인천에 일본영사관이 개설되면서 1882년 부속 기관으로 최초의
경찰서가 설치되었다. 이것이 인천에서의 근대 일본식 경찰 제도의
출발이다. 당시의 경찰은 주변 환경을 청결하게 하려고 개를 때려잡
기도 했다. '청결하기 위하야 그 쟝내 백셩의 집에 기르는 개 이삼십
여 마리를 모아 때려 즉엿다더라'(『매일신보』 1908.12.10.)라는 기
사가 눈에 띈다. 혹은 광견병에 걸린 개가 사람을 해치는 일이 있었
기에 경찰이 나서 개를 잡는 일도 있었다 '인천경찰셔에서 종종 밋
친 개가 사람을 해하는 폐단이 잇는고로 그거슬 막기 위야…… 모든
개를 때려 죽인다더라'는 기사도 있었다.

인천경찰서

80. 다방(茶房)

　차 다(茶)는 풀[艹]과 독음을 위한 여(余)의 결합이다. 차(茶)를 마신 최초의 인물은 신농(神農)이었다고 한다. "神農은 백 가지의 풀을 먹다가 어느 날 72종류의 독에 중독됐지만, 찻잎을 먹고 해독됐다 (神農嘗百草 一日遇七十二毒 得茶乃解, 『神農本草經』)"고 한다. 독초(毒草)를 풀[艹]이 들어간 차(茶)로 해독했던 셈이다.

　방 방(房)은 문[戶]과 독음을 위한 방(方)의 결합이다.

茶 厨房

차 다(茶)   방 방(房)

요새 절문이들 가운데 特히 무엇을 좀 남보다 낫게안다는 階級의青
年들가운데 흔히저녁만 먹고나면 의레그날일과가 茶房巡廻다. 某茶
房에커피맛이 엇터타느니 어느茶房에 밀크맛이엇더타느하며 이茶房
저茶房으로 巡廻한다(『매일신보』 1942.2.22.).

젊은이들의 다방 출입을 '다방순례'라 표현하고 있다. 물론『대중
일보』(1950.1.7.~1.12.)에도 다방을 탐방한 기사들이 있다. 다방에
대한 광고인 듯한 탐방기사는 여느 독자도 그곳을 방문하고 싶을 정
도로 낭만적으로 기술돼 있다. '미락'에 대한 기사의 부제는 '낭만과
귀뜨라미의 집'이고 '미모사'는 '아카데미 受賞作 미모사館'이라는
부제처럼 어떤 영화의 촬영장소인 듯하다. '오아시스'는 '渴症 이즌
캬라반'이란 부제처럼 '모던 사마리아의 女人은 커피'를 나르던 곳이
다.

인천의 다방에 대한 기록은 『개항 후 인천 풍경』에 있는데, "문운
당 주인은 멋쟁이 신사로 이름이 나 있었다. 그는 역시 멋쟁이답게
싸리재 네거리, 현재 상업은행(지금은 이 상업은행마저도 헐려지고
새 고층빌딩이 들어서 있다)이 있는 자리에 인천에서 처음으로 '파
로마'라는 다방을 열어 인천 사람들을 놀라게 했다. 당시 다방이란
서울에도 문화인들이 시작한 '멕시코(종로)', '카카듀(관훈동)', '낙랑(소
공동)' 등 몇 군데 안 되는 시기라 대단한 인기를 끌었다"고 한다. 여러
신문에 다방(茶房)과 관련된 가사가 등장하는 것은 1930년대인데,

인천도 이 무렵에 다방이 들어
서기 시작했다.

81. 인천 갑부(甲富), 김 한진(金漢鎭)

갑옷 / 첫째 갑(甲)은 씨앗의
단단한 껍질을 깨고 나온 새싹
의 모습에서 껍질을 가리켰다.
흙속에서 처음으로 나왔다고
해서 '첫째, 최고'의 의미를 지
니게 되었다.

넉넉하다 부(富)는 지붕(宀)
과 항아리[畐]의 결합이다. 항

『매일신보』1942.2.22.

아리 안에 있는 것들은 곡식들이다. 또는 항아리[畐]를 '큰 가마솥'
으로 이해해도 그것을 집안에 갖추고 있는 집은 부잣집이다.

넉넉하다 부(富)

인천 갑부(甲富)에 대한 기록은 이규상(李奎象, 1727~1799)이 지
은 「김부자전(金富者傳)」에서 확인할 수 있다. 그의 아버지 이사질

(李思質)이 乙酉(1765년 11월 18일)에 부임하여 戊子(1768년 9월)에 교체될 때까지 35개월 동안 인천부사로 재임했는데, 「김부자전」은 丙戌(1766년)에 문학산 기슭에 자리 잡은 김부자의 둘째 아들네에 머물면서 갑부(甲富) 김한진과의 문답을 토대로 집필한 것이다. 김한진의 "재산은 읍인들이 칭하기를 돈은 만 냥이고 곡식은 거의 천석에 가까운데(其家産則邑人稱以錢近萬兩穀近千石云)"도 불구하고 주변인들에게 베푸는 일을 게을리하지 않았다. "아침저녁 밥 먹을 때 사람이 거기에 가면 매번 빈 입으로 돌아오지 않았다. 이로써 솥에 붓는 쌀이 항상 서너 말에 가까웠다(當其朝夕飯時人若往之輒不以空口返之以是下鼎之米常近三四斗云)"고 할 정도로 주변인들에게 나눔을 실천하며 살았다. 치부(致富)를 하는 원칙과 치부를 분배하는 방법을 비롯해 농사꾼 김한진에게서 발견한 군자의 풍모 등을 기술하고 있다.

1765년 이규상은 인천 일대를 유람하고 한시(漢詩)를 지었다. 인천지방의 현실과 지방민의 삶, 여성과 남성의 복식, 상인들의 분주함, 갯벌의 어로작업, 염전의 모습, 용유도 풍경, 무속의 현장, 손돌의 무덤, 관아의 풍류, 지방의 역사와 유적, 지방민에 대한 애정 등을 소재로 「인주요(仁州謠)」 9편과 「속인주요(續仁州謠)」 9편, 모두 18편의 한시를 남겼다. 인천지역의 읍지(邑誌)나 지방지(地方誌) 같은 성격을 지니기에, 인천 죽지사(竹枝詞)라 칭할 만하다.

「김부자전(金富者傳)」

82. 걸인(乞人) 채동지(蔡同志)

같다 동(同)은 덮다[冖]와 하나[一], 입[口]의 결합이다. 동일한 주거지 안에서 입이 한데 모여 있는 모습이다. 또는 덮다[冖]가 지붕이 아니라 쟁기[冂]이면 함께 일하고 먹는다[口]로 이해하기도 한다.

뜻 지(志)는 발[士]과 마음[心]의 결합이다. 어딘가를 가려는 마음, 즉 의지이다. 또는 발[士]을 가다 지(之)로 이해해도 의미는 동일하다.

같다 동(同)　　　　뜻 지(志)

인천항을 배회하던 채동지(蔡同志)라는 걸인(乞人)이 있었다. 거인골격이되 벙어리였기에 아이들에게 조롱을 받았지만 아녀자들에게 호의적이었던 걸인과 관련된 기록이 인천 설화집에 수록된 경우는 채동지가 유일하다. 그의 출신지에 대해 서곶, 김포, 파주, 통진 등으로 나타나거나 걸인이 된 이유를 '망국의 恨'에서 찾는 등 전승층들의 생각이 다양했다.

단순설화가 전승되면서 담당층들의 세계관이 반영되기 마련인데, 인천 채동지 이야기의 경우에서도 이런 면을 확인할 수 있었다. 거인골격의 벙어리 걸인에 대한 이야기를 전승하면서 생긴 일련의 현상들은 바로 인천 지역 전승층의 욕구가 반영된 것으로, 특히 개항장의 전승층들이 아기장수를 기다리는 기제를 작동시킨 결과이다. 하지만 그는 벙어리라는 장애를 지닌 장수였기에 온전한 장수를 기다리는 데 시간이 더 필요했을지 모른다. 이 또한 개항장에서 채동지 이야기를 전승하던 사람들의 바람과 좌절이었던 것이다.

83. 유행 동요(童謠)

아이 동(童)은 서대[立]와 마을[里]의 결합인데, 입(立)은 작은 칼[辛]의 변형이고 리(里)는 눈동자[目]와 동(東)의 결합이다. 작은 칼[辛]로 눈동자를 찔린 어린 노비를 가리킨다.

노래 요(謠)는 말[言]과 흐르다[䍃]의 결합이다.

아이 동(童)

『동아일보』1923년 12월 1일자에 실린 「인천지방 유행 동요」이다.

仁川地方流行童謠

仁川花平里　李源重

인천무사 십년에
「못치」역 한개를 못먹고
제물(濟物)에 살작 도라올선다
이천이라 제물포
찰기는 조화도
각가의 둥살에 나 못살겟구나
인천에 방천에 큰큰아가
선채를 밧고서 죽엇다네
붉채란난 밧아서 염습하고
삼여(喪輿)를 메고서
도라다보니
북망산천이 떼로구나

유행 동요

인천무사 십년에/ 못지쩍 한개를 못먹고/
제물(濟物)에 살작 드라를선다/ 인천이라 제물포/
살기는 좋화도/ 싹가의 등살에 나 못살겟구나/

인천에 방천에 큰큰아기/ 선채를 밧고서 죽었다네/
봉채근난 밧아서 염습하고/ 상여(喪輿)를 메고서/
도라다보니/ 북망산천이 예로구나

　차라리 '못지쩍 한개를 못먹[모찌떡 한 개 못먹]'으며 지내는 게
나았을 텐데 긍정적 시선을 받지 못한 채 '살작 드라를선[살짝 들어
선]' 제물포에서 그녀는 '싹개[일본인]의 등살'을 견디지 못하고 죽
음을 맞았다. 1920년대 제물포 공간에서 있었을 만한 일을 증언하고
있는 동요이다.

84. 훈연(燻煙) 돈육(豚肉)

　연기 훈(燻)은 불[火]과 연기에 그을리다[熏]의 결합이다. 둥근 아
궁이에 그을음이 박혀 있고, 위아래는 각각 연통과 불[火]이다.
　돼지 돈(豚)은 고기[肉]와 돼지[豕]의 결합으로 돼지고기를 가리킨
다. 도살 후에 안쪽에서 살점을 베어내고 있는 모습이다.

연기 훈(燻)　　　　　돼지 돈(豚)

송림동 도축장

고기 육(肉)은 베어낸 고기 살점의 모양이다.

훈연 돈육은 돼지고기를 재료로 하는 햄(ham)을 가리킨다. 1915
년 9월 일본인 다카하시(高橋丑太郎)가 송림동에서 '인천햄'이라는
상표로 발매했던 훈연 돈육이 인천 최초의 햄이다. 1년 후, 노구치
(野口文一)가 송림동에 햄 공장을 세웠다. 송림동 근처에 햄 공장이
들어섰던 것은 인근에 도축장이 있어서였다. 인천에서 만든 훈연돈
육[ham]은 품질, 맛, 향이 일본제품을 능가했다. 1932년 연간 생산
량이 약 31,752kg을 넘었고 중국과 시베리아, 일본 등 각지로 수출
되었다.

85. 국보(國寶)

나라 국(國)은 에워싸다[口]와 지역[或]의 결합이다. 지역[或]은 창 [戈]과 에워싸다[口], 땅[一]의 결합이기에 국(國)은 작게 에워싼 지역들을 크게 에워싸서 무기 들고 지키고 있는 모습이다.

보배 보(寶)는 집[宀]과 구슬[玉], 항아리[缶]와 조개[貝]의 결합이다. 집안에 구슬, 항아리, 재물이 보관돼 있다. 조개 패(貝)는 재물 재(財), 재물 자(資), 재화 화(貨) 등 재물과 관련돼 있다.

나라 국(國)   보배 보(寶)

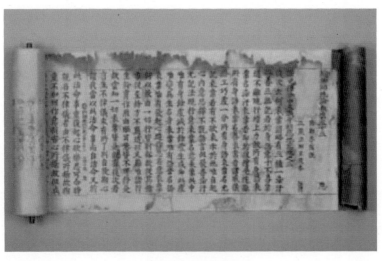

『초조본유가사지론』

인천에 있는 유일한 국보는 제276호의 『초조본유가사지론(初雕本瑜伽師地論)』권 제53이다. 인천광역시 남동구 구월동 가천문화재단의 가천박물관에 소장되어 있다. 이 책은 유가파의 논서(論書)로 미륵보살(彌勒菩薩)이 저술했다고 전해지는 것으로, 번역은 당나라의 현장(玄奘, 602~664)이 했다. 두루마리 인쇄물의 형태이며, 지질(紙質)이나 인쇄상태 등으로 보아 고려 현종에서 문종 조에 걸쳐 간행된 초조대장경을 조판한 것으로 보인다.

『초조본유가사지론(初雕本瑜伽師地論)』의 자의(字意)도 풀이하면, 처음 초(初)는 옷[衣]과 칼[刀]의 결합이다. 옷을 만드는 일은 옷감을 자르는 데에서 처음 시작된다는 의미이다.

새기다 조(雕)는 골고루[周]와 새[隹]의 결합이다. 주(周)는 독음을 위한 것이고 추(隹)는 '새기다, 조각하다'의 의미이다. 조각(彫刻), 부조(浮彫) 등과 관련돼 있다.

처음 초(初)   옷 의(衣)

새기다
조(雕)   새 추(隹)

86. 인천 팔경(八景)

여덟 팔(八)은 어떤 물건을 둘로 나누어 놓은 모양이다. 어떤 물건을 칼로 나누면 나누다 분(分)이고, 소[牛]를 둘로 나누면 반 반(半)이라는 글자이다.

햇볕 경 / 경치 경(景)은 해[日]와 높다 / 크다[京]의 결합이다. 경(京)은 높은 공간에 있는 건물이고, 그 위에 해[日]가 있는 모습이기에 '밝은 태양 빛'이거나 '주변이 훤히 보이다'의 의미이다. 원래는 태양 빛의 밝은 부분을 광(光)으로, 그림자 부분을 경(景)으로 나타냈다. 경치(景致), 경관(景觀) 등의 단어들이 있다.

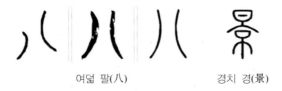

여덟 팔(八)　　　　　　경치 경(景)

'팔경(八景)'은 절경[絶景, 勝景]과 유사한 의미이다. 중국 호남성(湖南省)의 동정호(洞庭湖) 일대의 소강과 상강이 만나는 지역을 '소상'이라 하는데, 이곳의 계절에 따른 운치를 여덟 제목으로 나누어 화폭에 담은 게 '소상팔경도'이다. 이후 '팔경'이란 단어는 특정지역의 절경을 가리키게 되었다. 송도팔경(松都八景), 관동팔경(關東八景), 강릉팔경(江陵八景) 등이 그것이다. 인천의 절경을 가리키는 팔경으로는 강화십경, 영종팔경, 용유팔경, 덕적팔경, 계양팔경, 부평팔경, 서곶팔경, 인천팔경[중구를 중심으로 5건] 등이 있었다.

沁州十景說

江都自古以形勝著稱而處僻奧又重溟文人
騷士所罕跡縱有持異之境亦未免撣湮而不章余
實恨之迨於巡過之次得十景焉曰南臺霽月曰北
場春牧曰鎮江歸雲石落照曰鼇頭漁火日襲
尾漕帆曰甲城列譙石船坪晚稼日星
壇清眺離南北錯落春秋殊候要之皆海上名觀夫
恣探討窮遊賞以娛一時之心目或謂非居留之務
則可矣然亦有擬之者庚元規之南樓丘遲羊叔子
之峴山裘帶事同而績懸則可戒者在其人不在登
眺余於是特自標占仍寓古人張弛貢飾之意焉

강화십경, 『심도지』

仁川八景

永宗의 歸帆　花島의 晴嵐
月尾의 秋月　聖堂의 晩鐘
猫島의 夕照　廳峯의 暮雲
朱安의 落鴈　砂島의 夕雨

『동아일보』
1923.12.1.

87. 인천 죽지사(竹枝詞), 인주요(仁州謠)

대나무 죽(竹)은 두세 쪽씩 뻗어 나온 대나무 잎사귀 모양이다.

가지 지(枝)는 나무[木]와 지탱하다[支]의 결합이다. 지(支)는 오른
손[又]에 나뭇가지[十]를 들고 있는 모습이다.

말씀 / 글 사(詞)는 말[言]과 벼슬[司]의 결합으로 사(司)는 독음을
위해 견인되었다. 사(司)는 깃발을 들고 신에게 기도하는 모습이다.
기도하는 사람이 무엇인가 요구하며 찾는 행위는 찾다 사(伺)로, 기
도하는 내용은 말씀 / 글 사(詞)로 확장되었다.

대나무 죽(竹)　　　　　가지 지(枝)　　글 사(詞)

죽지사는 특정 지역의 풍속이나 남녀의 정을 칠언절구 연작시로 읊은 한시(漢詩) 양식이다. 중국 巴蜀 지역에서 널리 불리던 民歌에 그 기원을 두었는데, 唐代의 죽지사가 주로 남녀 간의 사랑을 주제로 한 것에 비해 宋代에 이르러 죽지사는 역사적 사실 및 인물에 초점을 맞추었다. 宋元 이후에는 특정 지역의 풍물이나 민속, 산천, 생업현장, 풍토적 특성을 대상으로 하였다. 그래서 해당지역의 邑誌나 地方誌 같은 성격을 지닌다.

1765년 인천 일대를 유람하고 이규상(李奎象, 1727~1799)이 「인주요(仁州謠)」 9편과 「속인주요(續仁州謠)」 9편을 남겼다. 여성과 남성의 복식, 상인들의 분주함, 갯벌에서의 작업, 염전의 모습, 용유도 풍경, 바닷가의 굿판, 손돌의 무덤, 질펀한 연회장면 등을 소재로 하고 있다.

「인주요」와 「속인주요」에서 각 1편씩 제시하면 아래와 같다.

童蛤淺埋大蛤深(동합천매대합심)　　어린 대합 얕게 묻혀 있고 큰 대합은 깊게 있되

絡締巢穴杳難尋(낙체소혈묘난심)　　낙지 있는 구멍 묘연해 찾기 어려워라

浦娘競把尖鉤鐵(포낭경파첨구철)　　포구의 아낙들 다투어 쇠갈퀴 잡고

細掘融泥似捻針(세굴융니사념침)　　촘촘히 진흙탕을 파니 바늘로 찍은 것 같네

（「인주요」 5연）

節近瑞端彭蟹生(절근서단팽해생)	단양절이 가까워지자 게가 나타나고
繩囊俄頃拾來盈(승낭아경습래영)	잠깐 만에 주워와 다래끼 채울 수 있네
老婆戴入都門內(노파대입도문내)	노파가 머리에 이고 마을 안으로 들어오자
穿盡坊坊唱買聲(천진방방창매성)	마을마다 물건 파는 소리 울리네
	(「속인주요」 1연)

88. 『삼국지』, 관제(關帝) 신앙

빗장 관(關)은 문[門]과 빗장[𢇅]의 결합이다. 빗장은 두 개의 실[糸]과 귀걸이(혹은 걸쇠)이기에, 양쪽의 문(門)이 열리지 않도록 빗장을 질러놓고 단단히 밧줄로 묶은 모습이다. 흔히 연계되다 연(聯)이 귀[耳]와 두 개의 실[糸]과 귀걸이가 결합됐듯이 관(關)은 관문(關門)이나 국경의 요새(要塞)를 의미한다. 그래서 관문을 넘어서는 화물에 세금을 매기는 것을 관세(關稅)라 한다.

임금 제(帝)는 제사상[祭床], 꽃이 피기 직전의 꽃대, 불을 피우기 위해 장작[薪]을 묶어 놓은 모양 등으로 이해할 수 있다. 제사상의 경우, 윗부분은 제사에 소용되는 음식이나 물건[祭需]들이다. 꽃대의 경우, 식물의 성장을 최고의 가치로 여기는 농경사회로 접어든 것과 관련돼 있다. 장작을 묶어 놓은 경우, 불을 피워 하늘에 제사를 지내기 직전의 모습이다. 갑골문에 따르면 장작을 묶어 놓은 것으로 이해할 수 있다. 제사상이건 장작이건 그것을 주관하는 자는 높은 계층에서 선발된 사람이었을 것이다.

禾 帝

임금 제(帝)

관제(關帝)는 『삼국지』의 대표적 인물 관우를 신앙하는 것이다. 우리나라의 관제신앙은 정유재란(丁酉再亂) 때 명나라 장수 진인(陳寅)이 남대문 밖에 남묘를 세웠던 것에서 시작된다. 관제가 처음에는 군신(軍神)으로 기능하다가 점차 그 영역이 재신적(財神的) 성격으로 확대되었다. 1884년에 선린동 일대에 청나라의 조계가 들어선 후, 1913년 조계가 조선총독부에 의해 폐지될 때까지 개항장 무역의 중심에 화상(華商)이 있었다. 화상들은 피혁업, 향촉업, 주단상, 廚業, 두부업, 이발업, 은전업, 전당업, 군정관아, 武師, 교육업, 命相家 등 22개 업종에 종사하면서 관우를 보호신으로 숭배했다. 특히 여러 직업 중에서 피혁업, 주단상, 이발업의 종사자들은 관우가 청룡언월도를 능숙하게 다루었다는 점에서, 두부업 종사자들은 그가 젊었을 때 두부를 팔았다는 이유로, 그리고 武師와 교육업자들은 그가 문무를 겸비했다는 데에서 관우를 신앙물로 여겼다.

이 집(화수동 46번지)은 '관왕묘關王廟'이던 것을 1907년 미국감리회(선교부)가 이를 매수하여 '화도교회(화도유아원 포함)'를 개설해서 사용 중인데 건물이 오래되었고 좁아서 1953년 현재 위치(화수동 281번지)에 먼저 단층가옥 1동을 구입해서 이전하였다가 1955년 1월20일 벽돌 2층의 커다란 '교회당'이 대단한 위세의 규모로 신축되었다.

『개항과 양관역정』에서 화도교회의 옛터가 '관왕묘'였다는 점을 지적하고 있다. 한국 관제신앙의 성립과 특성에 기대어 볼 때, 지정학적으로 주요 거점이었던 개항장에서 관제에 대한 흔적이 많았을 것으로 추측할 수 있지만 개항장과 관련하여 관제의 흔적을 발견할 수 있는 것은 위의 기록이 유일하다.

> 仁港摠巡金允福氏가 巫女十餘名과 關公位牌를 奉安ᄒ者 十一名을 招致ᄒ야 此等事가 時代文明에 大有妨害홈을 曉喩ᄒ고 關公位牌香卓器具 四十餘를 卽付燒火ᄒ니 金氏의 新式上果斷行政을 人皆稱頌ᄒ다더라(『매일신보』 1906.10.13.)

위의 기사는 개항장에 있던 사람들과 관제신앙의 관계를 엿볼 수 있는 단서이다.

한용운의 『조선일보』(1939.11.~1940.8.) 「도원결의」 삽화

제 2 부

해당 글자의 『논어(論語)』 원문과 집주(集註)

* 子曰 伯夷叔齊 不念舊惡 怨是用希(『論語』, 公冶長)

공자가 말하였다. 백이와 숙제는 옛날의 악을 생각하지 않았다. 원망함이 이 때문에 드물었다.[1]

* 子曰 君子不器(『論語』, 爲政)

공자가 말하였다. 군자는 그릇이 아니다.[2]

* 子曰 生事之以禮 死葬之以禮 祭之以禮(『論語』, 爲政)

공자가 말하였다. 살아서는 섬김에 예로써 하고, 죽어서는 장사를 지냄에 예로써 하고, 제사를 지냄에 예로써 한다.

---

1) 정자가 말하였다. 옛날의 악을 생각하지 않는 것은 청자의 도량이다(程子曰 不念舊惡 此淸者之量).
2) 기(器)는 각각 그 용도에만 적합하여 서로 통용될 수 없는 것이다(器者 各 適其用而不能相通).

* 子曰 爲政以德 譬如北辰 居其所而衆星共之(『論語』, 爲政)

공자가 말하였다. 정사를 함에 덕으로써 하는데, 비유하면 북극성이 그 자리에 있고 여러 별들이 이에 향하는 것과 같다.

* 子貢曰 紂之不善 不如是之甚也 是以君子惡居下流 天下之惡
　皆歸焉(『論語』, 子張)

자공이 말하였다. 주왕이 착하지 아니함이 이처럼 심하지 않았는데, 이 때문에 군자는 하류에 머물기 싫어하니 천하의 악이 모두 돌아간다.3)

* 子 謂仲弓曰 犂牛之子騂且角 雖欲勿用 山川其舍諸(『論語』, 雍也)

공자가 중궁(仲弓)을 평하여 말하였다. 얼룩소의 새끼가 붉으면서 뿔이 바르면 비록 사용하지 않고자 하더라도 산천의 신이 대저 이를 버리겠는가?4)

* 子曰 人而不仁 如禮何 人而不仁 如樂何(『論語』, 八佾)

공자가 말하였다. 사람으로 어질지 않으면 예를 어찌하며, 사람으로 어질지 않으면 악을 어찌하겠는가?5)

---

3) 하류는 지형이 낮고 아래쪽에 있는 곳이기에 모든 흐름이 돌아가는 곳이니, 비유하면 사람의 몸이 더럽고 천한 실체가 있으면 또한 나쁜 이름이 모이는 것이다(下流 地形卑下之處 衆流之所歸 喩人身有汚賤之實 亦惡名之所聚也).
4) 중궁은 아버지가 미천하고 행실이 좋지 않았기에 부자가 이로써 비유하여 말하였다. 아버지의 악함이 그 자식의 선함을 버릴 수 없으니, 중궁과 같은 어진 자는 스스로 마땅히 세상에 쓰여야 한다(仲弓父賤而行惡 故 夫子以此 譬之 言父之惡 不能廢其子之善 如仲弓之賢 自當見用於世也).
5) 정자가 말하였다. 인은 천하의 바른 이치이다. 바른 이치를 잃으면 차례가 없어져 화합하지 못한다(程子曰 仁者天下之正理 失正理則無序而不和).

* 子貢問友 子曰 忠告而善道之 不可則止 無自辱焉(『論語』, 顏淵)

자공(子貢)이 벗에 대해 묻자, 공자가 말하였다. 정성스럽게 일러 주고 잘 이끌되 가하지 않으면 그만 두어 스스로 욕되게 하지 마라.

* 曾子曰 吾日三省吾身 爲人謀而不忠乎 與朋友交而不信乎 傳不習
  乎(『論語』, 學而)

증자가 말하였다. 내가 날마다 세 가지로 내 몸을 살피는데, 남을 위해 꾀하되 충성스럽지 않았는지? 친구와 더불어 사귀되 신실하지 않았는지? 전수받되 익히지 않았는지?

* 孔子於鄕黨 恂恂如也 似不能言者(『論語』, 鄕黨)

공자가 향당에 있는데, 신실한 듯하여 말을 잘하지 못하는 자와 같았다.

* 子曰 君子食無求飽 居無求安 敏於事而愼於言 就有道而正焉 可
  謂好學也已(『論語』, 學而)

공자가 말하였다. 군자가 먹음에 배부르기를 구함이 없으며, 거처함에 편안함을 구함이 없으며, 일에 민첩하고 말에 신중하고, 도가 있어서 나아가 바르게 한다면, 가히 학문을 좋아한다고 말할 만하다.

* 子路曰 不仕無義 長幼之節 不可廢也 君臣之義 如之何其廢之 欲
潔其身 而亂大倫 君子之仕也 行其義也 道之不行 已知之矣(『論
語』, 微子)

자로가 말하였다. 벼슬하지 않은 것은 의로움이 없으니, 어른과
어린애의 예절을 없앨 수 없거늘 군신의 의리를 어찌하여 그것을 없
애겠는가? 그 몸을 깨끗하게 하고자 해도 큰 인륜을 어지럽힌다. 군
자가 벼슬함은 그 의를 행하는 것이니 도가 행해지지 아니함은 이미
이를 알고 있다.

* 子貢曰 夫子之文章 可得而聞也 夫子之言性與天道 不可得而聞也
(『論語』, 公冶長)

자공이 말하였다. 부자의 문장은 가히 얻어 들을 수 있지만, 부자
의 성(性)과 천도(天道)를 말하는 것은 가히 얻어서 들을 수 없다.6)

* 子釣而不綱 弋不射宿(『論語』, 述而)

공자는 낚시질하되 그물질하지 않고, 주살질하되 잠자는 새는 쏘
지 않았다.

* 子張問政 子曰 居之無倦 行之以忠(『論語』, 顔淵)

자장이 정사에 대해 묻자, 공자가 말하였다. 마음에 둠에 게으름
이 없으며 행함에 충으로써 해야 한다.

---

6) 부자의 문장은 날마다 밖으로 드러나서 본디부터 배우는 자가 함께 듣지만
   성(性)과 천도(天道)에 이르러서는 부자가 드물게 이를 말해서 배우는 자들
   이 듣지 못함이 있었다(夫子之文章 日見乎外 固學者所共聞. 至於性與天道 則
   夫子罕言之 而學者有不得聞之).

* 子曰 飯疏食飲水 曲肱而枕之 樂亦在其中矣 不義而富且貴 於我
  如浮雲(『論語』, 述而)

공자가 말하였다. 거친 밥을 먹으며 물을 마시고, 팔을 굽혀 이를
베더라도 즐거움 또한 그 안에 있으니, 의롭지 않으면서 부귀는 나
에게 뜬구름 같다.

* 子曰 三軍可奪帥也 匹夫不可奪志也(『論語』, 子罕)

공자가 말하였다. 삼군은 가히 장수를 빼앗을 수 있지만 필부는
뜻을 빼앗지 못한다.[7]

* 子曰 君子博學於文 約之以禮 亦可以弗畔矣夫(『論語』, 雍也)

공자가 말하였다. 군자가 글을 널리 배우고, 규약함에 예로써 하
면 또한 위배되지 아니할 만하다.

* 子曰 道不行 乘桴浮于海 從我者其由與 子路聞之喜 子曰 由也好
  勇過我 無所取材(『論語』, 公冶長)

공자가 말하였다. 도(道)가 행해지지 않아 뗏목을 타고 바다로 떠
갈까 하는데 나를 따르는 자는 유(由)이겠지? 자로가 이를 듣고 기
뻐하자, 공자가 말하였다. 유(由)는 용기를 좋아하는 게 나보다 나으
나 헤아림을 취하는 게 없다.

---

7) 후씨가 말하였다. 삼군의 용맹은 타인에게 있고 필부의 뜻은 자기에게 있
   다. 때문에 장수는 가히 빼앗을 수 있으나 뜻은 빼앗지 못한다(侯氏曰 三軍
   之勇 在人 匹夫之志 在己 故 帥可奪而志不可奪).

* 子曰 周監於二代 郁郁乎文哉 吾從周(『論語』, 八佾)

공자가 말하였다. 주나라는 두 대를 살펴보았으니 성하고도 빛나도다, 문(文)이여! 나는 주나라를 따르겠다.

* 子曰 道千乘之國 敬事而信 節用而愛人 使民以時(『論語』, 學而)

공자가 말하였다. 천승의 나라를 다스리되 일을 공경하고서 신실하게 하며, 절용하고 백성을 사랑하며 백성을 부림에 때를 가려야 한다.

* 孺悲欲見孔子 孔子辭以疾 將命者出戶 取瑟而歌 使之聞之(『論語』, 陽貨)

유비(孺悲)가 공자를 보고자 했는데, 공자가 사양하기를 병으로써 하고 명을 전하는 자가 문을 나가자, 거문고를 취하여 노래해서 이로 하여금 듣게 했다.

* 子曰 南人有言曰 人而無恒 不可以作巫醫 善夫(『論語』, 子路)

공자가 말하였다. 남국 사람들의 말에, '사람으로 떳떳하게 지속됨이 없으면 무당이나 의원이 되는 것도 가하지 않다'고 하는데, 좋은 말이다!

* 子曰 片言可以折獄者 其由也與 子路無宿諾(『論語』, 顔淵)

공자가 말하였다. 반 마디 말로 가히 송사를 견단할 수 있는 자는 그것은 유(由)일 것이다. 자로에게는 승낙을 묵히는 게 없다.

* 子曰 聖人 吾不得而見之矣 得見君子者 斯可矣(『論語』, 述而)

공자가 말하였다. 성인을 내가 얻어서 보지 못하였고 군자인 자를 봄을 얻으면 이에 가하다.[8]

* 子曰 學而不思則罔 思而不學則殆(『論語』, 爲政)

공자가 말하였다. 배우고 생각하지 않으면 어두워지고, 생각하고 배우지 않으면 위태로워진다.

* 曾子曰 君子以文會友 以友輔仁(『論語』, 顔淵)

증자가 말하였다. 군자는 글로써 벗을 모으고, 벗으로써 인을 돕는다.

* 朋友之饋 雖車馬 非祭肉 不拜(『論語』, 鄕黨)

벗의 선물이 비록 수레나 말이라 하더라도 제사를 지낸 고기가 아니면 절[拜]하지 않았다.

* 子曰 知者樂水 仁者樂山 知者動 仁者靜 知者樂 仁者壽(『論語』, 雍也)

공자가 말하였다. 지혜로운 자는 물을 즐기고 어진 사람은 산을 즐기니, 지혜로운 사람은 움직이고 어진 자는 고요하며, 지혜로운 사람은 즐거워하고 어진 자는 오래 간다.

---

8) 성인은 신명하여 헤아릴 수 없는 자의 칭호이고, 군자는 재덕이 출중한 자의 이름이다(聖人 神明不測之號 君子 才德出衆之名).

* 子曰 溫故而知新 可以爲師矣(『論語』, 爲政)

공자가 말하였다. 옛것을 익혀 새것을 알면 가히 스승이 될 만하다.

* 子曰 唯上知與下愚不移(『論語』, 陽貨)

공자가 말하였다. 오직 상지(上知)와 하우(下愚)는 옮겨지지 않는다.9)

* 子在齊聞韶 三月不知肉味 曰 不圖爲樂之至於斯也(『論語』, 述而)

공자가 제나라에 있을 때 소(韶)를 듣고 석 달 동안 고기 맛을 알지 못했다며 말하였다. 음악을 만드는 게 이에 이르는 데 헤아리지 못했다.

* 子曰 君子無所爭 必也射乎 揖讓而升 下而飮 其爭也君子(『論語』,
   八佾)

공자가 말하였다. 군자는 다투는 바가 없으나, 반드시 활쏘기뿐이다. 읍(揖)하고 사양하면서 올라갔다 내려와 마시니, 그 다툼이 군자이다.

---

9) 사람의 기질이 서로 비슷한 가운데에도 좋고 나쁨의 일정함이 있어서 습관으로 변화시킬 수 있는 것이 아니다(人之氣質 相近之中 又有美惡一定 而非習之所能移者).

* 或曰 以德報怨 何如 子曰 何以報德 以直報怨 以德報德(『論語』, 憲問)

어떤 사람이 말하였다. 은혜로써 원한을 갚으면 어떻습니까? 공자가 말하였다. 무엇으로써 은혜를 갚겠느냐? 곧음으로 원한을 갚고 은혜로 은혜를 갚는 것이다.

* 子曰 衆惡之 必察焉 衆好之 必察焉(『論語』, 衛靈公)

공자가 말하였다. 뭇사람이 이를 미워하더라도 반드시 살피고, 뭇사람이 이를 좋아하더라도 반드시 살펴야 한다.

* 樊遲問仁 子曰 愛人(『論語』, 顔淵)

번지가 인을 묻자, 공자가 말하였다. 사람을 사랑하는 것이다.

* 子曰 非其鬼而祭之 諂也 見義不爲 無勇也(『論語』, 爲政)

공자가 말하였다. 그 귀신이 아닌데도 이를 제사지내는 것은 아첨이고, 의로움을 보고 하지 아니함은 용기가 없는 것이다.

* 孔子曰 君子有三戒 少之時 血氣未定 戒之在色 及其壯也 血氣方剛 戒之在鬪 及其老也 血氣旣衰 戒之在得(『論語』, 季氏)

공자가 말하였다. 군자에게 세 가지 경계할 게 있는데, 젊을 때는 혈기가 미정이라 경계할 것은 색에 있고 장년에 이르러서는 혈기가 바야흐로 강해 경계할 것은 싸움에 있고 늙음에 이르러서는 혈기가 이미 쇠약하여 경계할 것은 얻음에 있는 것이다.

* 食不厭精 膾不厭細 食饐而餲 魚餒而肉敗 不食(『論語』, 鄕黨)

밥은 쌀밥을 싫어하지 않았고 회는 잘게 썬 것을 싫어하지 않았으며, 밥이 상하여 쉰 것과 생선이 썩고 그리고 고기가 부패한 것은 먹지 않았다.

* 堯曰 咨 爾舜 天之曆數在爾躬 允執其中 四海困窮 天祿永終(『論語』,
  堯曰)

요임금이 말하였다. 아, 너 순아! 하늘의 역수가 네 몸에 있으니, 진실로 그 중용을 잡아라. 사해가 곤궁하면 하늘의 녹이 영원히 끝날 것이다.

* 子曰 放於利而行 多怨(『論語』, 里仁)

공자가 말하였다. 이로움에 의지해서 행하면 원망이 많아진다.

* 子曰 中人以上 可以語上也 中人以下 不可以語上也(『論語』, 雍也)

공자가 말하였다. 중인 이상은 가히 높은 것을 일러줄 수 있지만 중인 이하는 높은 것을 일러주는 게 가하지 않다.[10]

---

10) 사람을 가르치는 자는 마땅히 그 높고 낮음에 따라 알리고 말해주면, 그 말이 들어가기가 쉬워 등급을 뛰어넘는 폐단이 없을 것이다(教人者當隨其高下而告語之 則其言易入 而無躐等之弊也).

* 孔子曰 見善如不及 見不善如探湯 吾見其人矣 吾聞其語矣(『論語』,
  季氏)

공자가 말하였다. 선한 것을 보면 미치지 못함과 같이 하며, 선하
지 못한 것을 보면 끓는 물을 더듬는 것과 같이 하라. 내가 그런 사
람을 보았고 내가 그 말을 들었다.

* 文王以民力爲臺爲沼 而民歡樂之 謂其臺曰靈臺(『孟子』, 梁惠王
上)

문왕이 백성의 힘으로써 대를 만들고 소를 만들었으나, 백성들이
그것을 즐거워하며 그 대를 이르기를 영대라 하였다.[11]

* 割不正 不食 不得其醬 不食 肉雖多 不使勝食氣 惟酒無量 不及
  亂(『論語』, 鄕黨)

자른 것이 바르지 않으면 먹지 않았고 간장을 얻지 않으면 먹지
않았다. 고기가 비록 많이 있더라도 밥의 기운을 이기게 하지 않으
며, 오직 술에는 양이 없었으나 어지러움에 미치지 않았다.

* 子夏曰 博學而篤志 切問而近思 仁在其中矣(『論語』, 子張)

자하가 말하였다. 널리 배워 뜻을 독실히 하고, 간절히 물어 생각
을 가까이 하면 인(仁)이 그 가운데 있는 것이다.

---

11) 『孟子』의 구절에서 해당 글자의 예문을 두 차례 제시하였다.

* 子曰 民之於仁也 甚於水火 水火 吾見蹈而死者矣 未見蹈仁而
死者也(『論語』, 衛靈公)

공자가 말하였다. 사람이 인(仁)에 대하여 물과 불보다 심하다. 물
과 불은 내가 밟아서 죽는 자를 보았지만, 아직 인(仁)을 밟아서 죽
는 자를 보지 못했다.[12]

* 子曰 譬如爲山 未成一簣 止 吾止也 譬如平地 雖覆一簣 進 吾往也
(『論語』, 子罕)

공자가 말하였다. 비유하면 산을 만드는 것과 같다. 아직 한 삼태
기를 이루지 못하나 그치는 것은 내가 그치는 것이다. 비유하면 땅
을 평평하게 하는 것과 같다. 비록 한 삼태기를 덮더라도 나아가는
것은 내가 나아가는 것이다.

* 子曰 誰能出不由戶 何莫由斯道也(『論語』, 雍也)

공자가 말하였다. 누가 능히 나감에 문을 거치지 않을 수 있나, 어
찌 이 도를 따름이 없나?[13]

---

12) 사람이 물과 불에 대해서는 힘입어서 사는 바가 하루라도 없음이 가하지
않으니 그 인(仁)에 대해서도 또한 그러하다(民之於水火 所賴以生 不可一
日無 其於仁也亦然).
13) 홍씨가 말하였다. 사람은 나감에 반드시 문을 거치는 것을 알면서도 행함
에 반드시 도를 따르는 것을 알지 못하니, 도가 사람을 멀리하는 게 아니
라 사람이 스스로 멀어질 뿐이다(洪氏曰 人知出必由戶 而不知行必由道 非
道遠人 人自遠爾).

* 曾子曰 吾聞諸夫子 人未有自致者也 必也親喪乎(『論語』, 子張)

증자가 말하였다. 내가 부자에게 들으니, '사람이 스스로 지극한 자는 있지 않으나 반드시 어버이의 상이겠지!'라고 하였다.[14]

* 子曰 父母在 不遠遊 遊必有方(『論語』, 里仁)

공자가 말하였다. 부모님이 살아 있으면 멀리서 놀지 않으며, 놀더라도 반드시 방향이 있어야 한다.

* 子曰 志於道 據於德 依於仁 游於藝(『論語』, 述而)

공자가 말하였다. 도(道)에 뜻을 두고 덕(德)에 의거하며 인(仁)에 의지하며 예(藝)에서 노닐어야 한다.[15]

* 有子曰 其爲人也孝弟 而好犯上者 鮮矣 不好犯上 而好作亂者 未
  之有也(『論語』, 學而)

유자가 말하였다. 그 사람됨이 효도하고 공손하면서 윗사람을 범하는 자는 드무니, 윗사람을 범하기를 좋아하지 않고서 난을 일으키기를 좋아하는 자는 있지 않다.

---

14) 윤씨가 말하였다. 어버이의 상은 본디 스스로 다하는 바이니, 이에 있어 그 정성을 쓰지 않으면 어디에 그 정성을 쓰겠느냐(尹氏曰 親喪 固所自盡 也 於此 不用其誠 惡乎用其誠).

15) 예(藝)는 예악의 글과 射·御·書·數의 법이니, 모두 지극한 이치가 깃들은 곳이면서 일상생활에 빼놓을 수 없는 것이다(藝 禮樂之文 射御書數之法 皆至理所寓而日用之不可闕者也).

* 君子創業垂統 爲可繼也((『孟子』, 梁惠王下)

군자는 기업(基業)을 창건하고 전통(傳統)을 드리워서 가히 이어지도록 할 뿐이다.

* 子曰 晏平仲善與人交 久而敬之(『論語』, 公冶長)

공자가 말하였다. 안평중(晏平仲)은 타인과 더불어 잘 사귀는구나. 오래 되어도 이를 공경하는구나![16]

* 孔子沐浴而朝(『論語』, 憲問)

공자는 목욕하고 조정에 나갔다.

* 子夏問孝 子曰 色難 有事弟子服其勞 有酒食先生饌 曾是以爲孝乎
  (『論語』, 爲政)

자하가 효에 대해 묻자 공자가 말하였다. 얼굴빛이 어려우니, 일이 있으면 弟子가 그 수고를 대신하고, 술과 밥이 있거든 父兄[先生]이 먼저 먹게 하는 것을 일찍이 이 때문에 효라 할 수 있겠는가?[17]

* 伯牛有疾 子問之 自牖執其手曰 亡之 命矣夫(『論語』, 雍也)

백우가 병을 앓자 공자가 문병하면서, 창문으로부터 그의 손을 잡고 말하였다. 이럴 리가 없을 텐데, 천명(天命)이구나.

---

16) 정자가 말하였다. 사람은 사귐이 오래되면 공경함이 쇠해지니, 오래 되어도 공경함은 사귀기를 잘한 바이다(程子曰 人交久則敬衰 久而能敬 所以爲善).
17) 부모를 섬길 때 오직 안색이 어려움이 될 뿐이니, 수고를 대신하고 봉양하는 것은 효라고 하기에 족하지 않다(事親之際 惟色爲難耳 服勞奉養 未足爲孝也).

* 或曰 雍也 仁而不佞 子曰 焉用佞 禦人以口給 屢憎於人 不知其
  仁 焉用佞(『論語』, 公冶長)

어떤 사람이 말하였다. 옹(雍)은 어질기는 하지만 말 재주가 없다.
공자가 말하였다. 어찌 말 재주를 쓰겠는가? 타인을 맞섬에 말주변
으로써 하여 자주 남에게 미움을 받으니, 그의 어진 것은 알 수 없겠
으나 어찌 말 재주를 쓰겠는가?

* 子游問孝 子曰 今之孝者 是謂能養 至於犬馬 皆能有養 不敬 何
  以別乎(『論語』, 爲政)

자유가 효에 대해 묻자 공자가 말하였다. 지금의 효라는 것은 이
는 능히 기름을 이르나, 개와 말에 이르러서도 모두 능히 기름이 있
으니, 공경하지 않으면 무엇으로써 구별하겠는가?

* 子曰 孰謂微生高直 或乞醯焉 乞諸其鄰而與之(『論語』, 公冶長)

공자가 말하였다. 누가 미생고를 정직하다고 이르는가? 어떤 사람
이 식초를 빌렸거늘 그 이웃에게 빌려서 이에 주었는데!

참고문헌

<기본자료>

김경일, 『갑골문 이야기』(바다출판사, 1999)

김경일, 『유교 탄생의 비밀』(바다출판사, 2013)

김성재, 『갑골에 새겨진 신화와 역사』(동녘, 2000)

김태환, 『갑골문자 휘편』(박문사, 2011)

심재훈, 『갑골문』(민음사, 1990)

하영삼, 『문화로 읽는 한자』(동방미디어, 1997)

하영삼, 『한자어원사전』(도서출판3, 2014)

왕우신·양승남, 『갑골학 일백 년』 1~5(하영삼 역, 소명, 2011)

이학근, 『고문자학 첫걸음』(하영삼 역, 동문선, 1991)

곽말약, 『갑골문자집』 1~13(상해: 중화서국, 1982)

유흥룡, 『신편갑골문자전』(북경: 국제문화출판공사, 1993)

장옥서, 『강희자전』(북경: 중화서국, 1989)

『인천사정』(1892)

『인천향토지』(1932)

『인천부사』(1933)

『매천야록』

『고종실록』

『인천시사』(1973, 1993, 2002)

『인천개항 100년사』(1983)

『서울교통사』(2000)

『인천상공회의소 110년사』(1995)

『근대문화로 읽는 한국최초 인천최고』(인천광역시 역사자료관, 2005)

『인천 개항장 풍경』(인천광역시 역사자료관, 2006)

『인천의 문화유산을 찾아서』(인천광역시 역사자료관, 2008)

『사진으로 보는 인천시사 1·2』(인천광역시 시사편찬위원회, 2013)

<신문 및 잡지>

『공업신문』, 『그리스도신문』, 『대중일보』, 『대한매일신보』, 『독립신문』,
『동아일보』, 『만세보』, 『매일신보』, 『제국신문』, 『조선매일신문』, 『조선일보』,
『종교신문』, 『한성주보』, 『협성회보』, 『황성신문』, 『기독교 타임스』, 『상계월
보』, 『신학월보』, 『Korean Repository』

<일반자료>

강덕우·강옥엽, 『인천역사칼럼』(기호일보, 2010)

경인일보, 『격동 한세기 인천이야기』(다인아트, 2001)

고 일, 『인천석금』(경기문화사, 1955)

김미영, '일본교토의 하나마찌(花街)에 대하여', 『근대서지』4호(근대서지

학회, 2011)

김영일, 『격동기의 인천』(동아사, 1986)

김윤식 · 김홍전 · 오종원 · 조우성, 『간추린 인천사』(인천일보사, 1999)

마정미, 『광고로 읽는 한국 사회문화사』(개마고원, 2004)

부산근대역사관, 『광고, 그리고 일상』(한글그라피스, 2004)

서연호, 『한국근대희곡사연구』(고려대민족문화연구소, 1982)

신태범, 『인천 한세기』(홍성사, 1983)

신태범, 『먹는 재미 사는 재미』(서당, 1989)

신태범, 『개항후의 인천풍경』(인천향토사연구회, 2000)

오인환 · 공정자, 『구한말 한인 하와이 이민』(인하대출판부, 2004)

우리여성연구소, 『우리 여성의 역사』(청년사, 1999)

이성민 · 박철호, 『내리교회 110년사』(인천내리교회, 1995)

이성삼, 『영화백년사』(2003)

이 안, 『인천의 근대도시와 건축』(인천시 중구문화원, 2004)

이영태, 『인천고전문학의 이해』(다인아트, 2010)

이영태, 『인천고전문학의 현재적 의미와 문화정체성』(인천학연구원, 2014)

이종남, 『인천야구이야기』(SK와 이번스프로야구단, 2005)

장학근, 『조선시대 해양방위사』(창미사, 1988)

조우성, 『인천이야기 100장면』(인아트, 2004)

최성연, 『개항과 양관역정』(경기문화사, 1959)

대한야구협회, 『한국야구사』(1999)

한국통신, 『한국 전기통신 100년사』(1985)

한우근, 『한국개항기의 상업연구』(일조각, 1970)

홍기표, 『내리백년사』(인천내리교회, 1985)

<사진자료 출처>

『근대문화로 읽는 한국최초 인천최고』(인천광역시 역사자료관, 2005)

『인천의 문화유산을 찾아서』(인천광역시 역사자료관, 2008)

『인천고적조사보고서』(인천문화재단, 2012)

『사진으로 보는 인천시사 1~2』(인천광역시 시사편찬위원회, 2013)

『인천광역시립박물관 소장유물도록』(2014)

이영태(李永泰, Lee Young-tae)

인천 출생
인하대학교 문학박사
현) 인천개항장연구소 대표이사

저서
『한국고전시가의 재조명』(1998)
『한국 고시가의 새로운 인식』(2003)
『고려속요와 기녀』(2004)
『인천의 섬』(공저, 2004)
『옛날 옛적에 인천은』(공저, 2004)
『한국문학연구의 현단계』(공저, 2005)
『근대문화로 읽는 한국최초 인천최고』(공저, 2005)
『삼국지연의 한국어 번역과 서사변용』(공저, 2006)
『인천 개항장 풍경』(공저, 2006)
『인천 개항장 역사기행』(공저, 2007)
『바다와 섬, 인천에서의 삶』(공저, 2008)
『인천의 문화유산을 찾아서』(공저, 2008)
『쌍화점, 다섯 개의 시선』(공저, 2010)
『인천고전문학의 이해』(2010)
『역주 강도고금시선(전집)』(공역, 2010)
『한국문학의 탐색(공저, 2011)
『한국 상대시가와 참요의 발생론적 탐색』(2011)
『역주 강도고금시선(후집)』(공역, 2011)
『고려속요와 가창공간』(2012)
『역주 삼항구관초』(공역, 2012)
『인천고전문학의 현재적 의미와 문화정체성』(2014)
『서해5도민의 삶과 문화』(공저, 2015)
『교동도』(공저, 2015)

갑골로
읽는
인천
문화사

초판인쇄 2015년 4월 24일
초판발행 2015년 4월 24일

지은이 이영태
펴낸이 채종준
펴낸곳 한국학술정보㈜
주소 경기도 파주시 회동길 230(문발동)
전화 031) 908-3181(대표)
팩스 031) 908-3189
홈페이지 http://ebook.kstudy.com
전자우편 출판사업부 publish@kstudy.com
등록 제일산-115호(2000. 6. 19)

ISBN 978-89-268-6953-6 93710